Dorothea Penižek

Parson & Jack Russell Terrier

Auswahl, Haltung, Erziehung, Beschäftigung

KOSMOS

Inhalt

Geschichte und Wesen 4

Der Parson Russell Terrier 5
Der Jack Russell Terrier 11
Spaltung der Rassen 12
Quirlige Kerle mit viel Temperament 16
Auf den Hund gekommen 19

Unser Russell Terrier zieht ein 20

Eine Entscheidung fürs Leben 21
Die Wahl des passenden Züchters 22
Auswahl des Welpen 24
EXTRA Aufgaben des Züchters 26
Grundausstattung 28
Auf ins neue Zuhause 32
Die ersten Tage 32
Stubenreinheit 34
Alleinbleiben 36
Welpentreffen 36
Versicherungen und Steuer 38
EXTRA Vom Welpen zum Hund 40

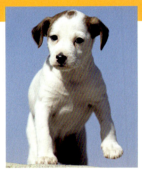

Gesunde Ernährung 42

Was Hunde fressen 43
Fütterungspraxis 45
Futterarten 46
Übergewicht 50
Betteln 51
Verdauungsstörungen 51

Gepflegt von Kopf bis Pfote 52

Fellpflege 53
EXTRA Richtig Trimmen 56
Krallenpflege 58
Augenpflege 58
Ohrenpflege 58
Gebisspflege 59
Analdrüsen 59

Rundum gesund 60

Vorbeugen ist besser als heilen 61
Impfungen 62
Zecken, Flöhe & Co. 66
Kastration 69
Rassespezifische Erkrankungen 70
Alternative Heilmethoden 72
Erste Hilfe beim Hund 74
EXTRA Sicherheitsvorkehrungen 77

Erziehung leicht gemacht 78

Hundeverhalten 79
Die Lernphasen 82
Sinnesleistungen 84
Das kleine Einmaleins der Hundeerziehung 86
EXTRA Erziehungstipps 87
Autofahren 96
EXTRA Signale auf einen Blick 97

Freizeitpartner Parson & Jackie 98

Selbstständig und intelligent 99
Auf der Jagd 100
EXTRA Apportieren 102
Spaziergänge gestalten 104
Sportliche Aktivitäten 104
EXTRA Mehr Abwechslung auf Spaziergängen 106
Begleithundeprüfung 110
Hundeausstellungen 112
Mit dem Russell auf Reisen 114

Service 116

Nützliche Adressen 117
Zum Weiterlesen 118
Kleines Lexikon 120
Register 122
Impressum 124

Geschichte und Wesen

Parson und Jack Russell Terrier werden heute, außer in England, als zwei verschiedene Rassen anerkannt. Beide erfreuen sich großer Beliebtheit. Ihr gemeinsamer Ursprung liegt jedoch in der Zucht von Reverend John Russell begründet. Man findet in den Stammbäumen beider Rassen öfters gemeinsame Ahnen.

Der Parson Russell Terrier

Der Parson Russell Terrier ist ein kleiner, dafür aber sehr lebhafter und intelligenter Hund. Er ist, wie im Standard (siehe S. 128) beschrieben, freundlich und mutig. Das Wort Terrier stammt wahrscheinlich von dem lateinischen Wort „terra" = Erde.

Terrier wurden bereits in der englischen Literatur des 16. Jahrhunderts erwähnt. Der Parson Russell Terrier wurde speziell für die Arbeit unter der Erde im Fuchsbau gezüchtet. Seine Erscheinung entspricht diesem Zweck: Die Größe ist ungefähr die einer ausgewachsenen Füchsin.

Er muss einen eher schmalen, flachen und elastischen Brustkorb haben, um sich im Fuchsbau tief unter der Erde bewegen zu können, ohne darin stecken zu bleiben. Er soll vorwiegend weiß sein, mit hellbraunen und/oder schwarzen Flecken, hauptsächlich am Kopf und am Rutenansatz. Die weiße Farbe, so zumindest die gängige Begründung, ermöglicht es, ihn bei der Jagd leichter zu sehen und von einem Fuchs zu unterscheiden.

Der Parson Russell wurde speziell für die Arbeit unter der Erde im Fuchsbau gezüchtet.

Der Parson Russell Terrier ist nicht nur in England ein nützlicher Begleiter bei der Jagd auf Füchse.

Fuchsjagd
Bei der Fuchsjagd zu Pferd verfolgen die Foxhounds die Fährte des Fuchses. Rettet dieser sich in einen Bau, benötigt man einen Terrier, der den Fuchs sprengt, sodass die Jagd weitergehen kann. Der Parson darf daher seine Beute nicht töten, sondern nur sprengen oder verbellen, bis der Fuchs ausgegraben wird. Das ist heute noch so.

Das Haarkleid soll harsch sein, drahtig und dicht, aber niemals weich oder seidig. Es besteht aus geraden, flach anliegenden Deckhaaren und dichtem Unterhaar, um den Hund vor jeder Witterung zu schützen. Beim Parson finden wir drei verschiedene Haarkleider: glatt, broken coated und rau. Der Ausdruck „broken coated" beschreibt ein Haarkleid, das am Körper kaum länger als ein glattes ist, wobei der Hund aber einen kleinen Schnauzbart und struppige Augenbrauen hat.

Powerpaket mit großer Ausdauer
Der Parson Russell ist ein robuster, hochläufiger Terrier von harmonischer Erscheinung. Er hat gerade Läufe und ein freies, flottes Gangwerk. Sein Anblick vermittelt Schnelligkeit und Ausdauer. Er ist gebaut für die Arbeit im Fuchsbau und hat die Fähigkeit, mit der Foxhoundmeute mitzulaufen. Die niederläufigen, breitbrüstigen und oft krummbeinigen Jack Russell entsprechen weder dem ursprünglichen noch dem heutigen Rassestandard des Parsons noch dem des Jack Russells.

Größe und Proportionen
Rüden haben eine Idealgröße (am Widerrist gemessen) von 35,5 cm (14 Inch), Hündinnen von 33 cm (13 Inch). Die Länge des Rückens sollte der Widerristhöhe entsprechen. Das bedeutet, dass der Hund etwas länger ist als hoch. Ein Parson Russell Terrier sollte also niemals quadratisch aussehen oder einen kurzen geraden Rücken haben wie ein Foxterrier.

Wichtig sind auch gut gelagerte, schräg zurückliegende Schultern und gute Winkelungen vorn und hinten. Sie ermöglichen es dem Hund, sich frei, raumgreifend und mühelos zu bewegen. Die Läufe müssen gerade sein, die Pfoten klein, kompakt, mit festen Ballen. Die Bewegung ist flott, raumgreifend, mit viel Schub in der Hinterhand. Trippeln sowie extremes Hochziehen der Vorderläufe ist ermüdend und daher unerwünscht.

Info | Rassebeschreibung von 1871

Parson John Russell, der Begründer der Rasse, hat seine Terrier im Jahr 1871 wie folgt beschrieben: „Ein kleiner energischer Terrier von 14 bis 16 Pfund Gewicht, ungefähr 14 Inch hoch am Widerrist, Läufe, gerade wie Pfeile; eine dicke Haut, ein gutes, raues, wetterfestes Haarkleid, dicht, eng anliegend; etwas drahtig, gut geeignet, um den Körper vor Kälte und Nässe zu schützen, aber ohne Ähnlichkeit mit dem drahtigen Mantel des Scotchterriers. Es ist gewiss, dass ein gutes Pferd und ein guter Hund nicht eine schlechte Farbe haben können, aber ich gebe einem weißen Hund den Vorzug. Die Hündin „Trump" war weiß mit nur einem lohfarbenen Fleck über jedem Auge und Ohr und einem ähnlichen Fleck, nicht größer als eine Pennymünze, an der Wurzel des Schweifes. Die Läufe sollten fehlerlos sein, die Lenden und die Gestalt des ganzen Körperbaus vermitteln Widerstandsfähigkeit und Ausdauer. Die Größe und Höhe des Tieres kann mit einer ausgewachsenen Füchsin verglichen werden. Jeder Zoll ein Sportsmann, darf der Hund nicht streitsüchtig sein. Was die Höhe betrifft, so ziehen manche Leute einen eher hochbeinigen Hund vor, falls er den ganzen Tag mit Foxhounds mitlaufen muss."
Diese Beschreibung ist heute noch gültig.

Der Körperbau dieser glatthaarigen Hündin verrät ihre Schnelligkeit und Ausdauer.

Geschichte und Wesen

Dieser rauhaarige Terrier „Prompter" von Mrs. Butcher errang auf der Kennel Club Show, Crystal Palace 1883, den „Champion Prize". (aus „The Fox Terrier" von Hugh Dalziel, 1898)

> **Info** **Arbeitsterrier**
> Der Parson Russell Terrier ist ein robuster, widerstandsfähiger und derber Arbeitsterrier. Alles in allem ist er ein harmonischer kleiner Hund – nicht zu groß, nicht zu breit, nicht zu lang oder zu kurz. Nichts an ihm ist extrem, alles ist gut ausgewogen. Er ist nie klobig oder windig. Das Wort, das ihn am besten beschreibt, ist „workmanlike" – arbeitsfähig.

Kopf und Rute

Der Kopf ist keilförmig und mäßig breit, mit einem flachen Schädel und einem eher flachen Stop. Die Länge von der Nase zum Stop sollte etwas kürzer sein als vom Stop zum Hinterhauptstachel, etwa in der Relation 2 zu 3 (der Fang ist 2/5, der Schädel 3/5). Der Kiefer ist kräftig, die Nase schwarz. Die Augen sind mandelförmig, dunkel und mäßig tief liegend. Der Ausdruck ist lebhaft und aufmerksam, feurig, intelligent und unerschrocken („Hier bin ich – schau mich an!"). Die Ohren sind kleine Knopfohren, v-förmig, eng am Kopf getragen und mäßig dick. Die Falte sollte nicht über die Schädeldecke hinausragen, und der Spitz sollte in der Höhe der Augen fallen.

Die Haut soll dick, elastisch und lose sein. Der Grund dafür ist einfach: Wird der Terrier von einem Fuchs angegriffen, soll eine dicke lose Haut die inneren Organe vor Verletzungen schützen.

Hound Meute der Cheriton Jagd mit Terrier im Vordergrund. (aus „Hunt & Working Terriers" von Capt. Jocelyn Lucas, 1931)

Die Rute ist eher hoch angesetzt und gerade; sie wird freudig getragen. Seit Inkrafttreten des Tierschutzgesetzes ist Kupieren in Deutschland, in der Schweiz und in Österreich verboten. In den skandinavischen Ländern ist das Kupieren schon viel länger verboten. Das kann zu Problemen führen, denn nicht alle Hunde haben eine gerade Rute. Eine Ringelrute ist dem pfiffigen Aussehen des Parson Russell Terriers sicher abträglich, sollte aber nicht überbewertet werden.

Ein besonderes Merkmal dieser Terrierrasse ist die leicht gewölbte Lende. Diese Wölbung entsteht durch ein gut gelagertes Becken, und zusammen mit einer gut gewinkelten Hinterhand verleiht diese Konstruktion dem Hund seine Schnelligkeit und Kraft.

Info | Parson und Jackie

Bedingt durch die Anerkennung der niederläufigen Jack Russell Terrier, heißen die hochläufigen, ursprünglichen Jack Russell Terrier, die Parson John Russell gezüchtet hat, heute Parson Russell Terrier.

Ursprung der Rasse

Parson John Russell (Rufname Jack) wurde 1795 in Dartmouth in der Grafschaft Devon im Südwesten von England geboren. Sein Vater war Pastor von Iddesleigh, und wie für einen Pastor üblich, unterrichtete er auch einige Schüler. Er war ein begeisterter Jäger und besaß eine Meute Foxhounds. Er hielt ein Pony, auf dem der beste Schüler der Woche als Belohnung beim nächsten Jagdtag mitreiten durfte. So wurde die Passion für die Jagd auch im kleinen Jack geweckt. Er frönte dieser Leidenschaft sein Leben lang, was ihn aber nicht daran hinderte, ebenfalls ein guter und in seiner Grafschaft sehr beliebter Pastor zu werden.

Im Jahr 1819, während seines Theologiestudiums an der Universität von Oxford, traf Jack bei einem Spaziergang einen Milchmann mit einer kleinen Terrierhündin. So ein Tier hatte er nur in seinen Träumen gesehen! Die Hündin wurde „Trump" genannt. Er kaufte sie auf der Stelle, und sie wurde die Stammmutter einer Linie von Terriern, die bis vor Kurzem noch den Namen Jack Russell Terrier trugen. Ein Ölgemälde von Trump ist im Besitz von Königin Elisabeth II. und hängt in Schloss Sandringham.

Reverend John Russell und seine Terrier. (aus „Memoir of the Rev. John Russell and his Out-of-Door Life" von E. W. Davies, 1902)

Geschichte und Wesen

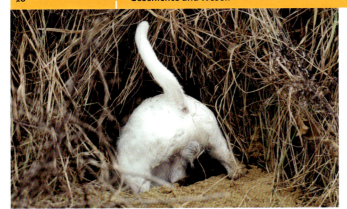

Ist hier ein Fuchs zu Hause?
In diesem Bau ist er nicht.

Leben in Devon

Jack Russell war während seiner Schul- und Universitätszeit ein begeisterter Foxhunter. Nach seinem Theologiestudium übernahm er zuerst die Pfarrei von South Molton, dann von Iddesleigh und letztlich von Swymbridge. Alle diese Pfarreien lagen in einer ländlichen Gegend von Devon, in der es üblich war, dass die Landpfarrer und der Landadel gemeinsam zur Jagd ritten. Jack Russell hatte eine Meute Foxhounds in seinem Zwinger und widmete sechzig Jahre seines langen Lebens auch der Zucht von hervorragenden Foxterriern.

Im Jahr 1872 schrieb Idstone (alias Thomas Henry Pearce) über den Foxterrier: „Der alte Typ war ein stumpfkopfiger Hund; wie Herr Russell sie veredelt hat, kann ich nicht sagen, aber edel sind sie, und leicht belehrbar, vor allem in den Händen ihres Züchters, dessen Herrschaft über Hound und Terrier wenige teilen und keiner übertrifft." Jack Russell starb am 28. April

1883 im Alter von 88 Jahren und wurde in Swymbridge begraben. Mehr als tausend Leute nahmen an der Beerdigung teil. Er war nicht nur ein berühmter Jäger und Terrierzüchter, sondern auch ein gütiger und beliebter Geistlicher.

Arbeitsterrier für die Jagd

Der Parson Russell Terrier ist in erster Linie ein Jagdterrier. Er wurde ausschließlich für die Arbeit im Fuchsbau gezüchtet. Er ist einer der wenigen Terrier, die ihre Beute nicht töten, sondern nur verbellen und sprengen sollen. Dazu muss er intelligent, aber nicht aggressiv sein und sich mit Pferden, Foxhounds, anderen Terriern und Menschen vertragen.

Der Parson Russell Terrier ist der ursprüngliche Foxterrier des 19. Jahrhunderts und wurde bis zu seiner Anerkennung vom Englischen Kennel Club (siehe S. 13) als reiner Arbeitsterrier für die Jagd weitergezüchtet. Nachdem Ausstellungen in der zweiten Hälfte des 19. Jahrhunderts immer beliebter wurden, sind eigene Linien gezielt für das Showwesen gezüchtet worden. Langsam entwickelten sich die zwei Linien auseinander und so entstanden die heutigen Glatthaar- und Rauhaar-Foxterrier. Der Parson Russell Terrier ist seit seinem Ursprung bis heute in seiner Erscheinung fast unverändert geblieben.

Der Jack Russell Terrier

Die Geschichte des niederläufigen Jack Russell Terriers ist nicht gut dokumentiert und reicht nicht so weit zurück wie die des Parson Russell Terriers, der ja der ursprüngliche Foxterrier ist. Ziemlich sicher ist, dass Reverend John Russell nur hochläufige Terrier hatte, denn sie mussten damals mit der Foxhoundmeute mitlaufen. Sowohl das Porträt von „Trump" als auch andere Bilder in seiner Biografie, „A Memoir of the Rev. John Russell and His Out-of-Door Life", geschrieben im Jahr 1878 von E. W. Davies M. A., zeigen den Pastor mit seinen hochläufigen Terriern.

Captain Jocelyn Lucas M. C. schrieb in seinem Buch „Hunt and Working Terriers", London, 1931, dass Miss Dorothy Ellis bereits zu dieser Zeit etwas niederläufigere Arbeitsterrier hatte, und in seinem Buch findet man auch eine Fotografie dieser Hunde. Es besteht eine unverkennbare Ähnlichkeit mit den damaligen Sealyham Terriern.

Eine typische Jack Russell Terrier Hündin mit geraden Läufen und gutem Haarkleid.

Arbeitshund und Champion:
Greg Mouseley's Rastus. Ein Spitzenchampion und gleichzeitig Inhaber eines MFH Working Certificate (oben).
Sinbad im Besitz von Eddie Chapman, ein Champion unter 11 Inch (28cm), Inhaber eines MFH Working Certificate(unten).
(Beide Fotos aus D. Brian Plummer:"The Complete Jack Russell Terrier",Boydell & Brewer, Ltd. Woodbridge, 1980)

Ein Hund als Statussymbol

Nach dem Zweiten Weltkrieg wurden die niederläufigen Jack Russells zum Modehund. Es wurden Sealyham, Corgi, Beagle, vielleicht sogar Dandy Dinmont eingekreuzt. Alles was weiß mit Flecken und niederläufig war, wurde Jack Russell genannt. Dieser Schlag von Hunden hatte oft krumme Vorderläufe (Beine, gerade wie Pfeile mit perfekten Pfoten, die Reverend John Russell bei seinen Terriern verlangte, waren kaum mehr zu finden). In Irland gab und gibt es auch schwarz-braune Jack Russells; die Einkreuzung vom Lancashire Heeler ist anzunehmen.

Dan Russell schreibt in seinem Buch „Jack Russell and his Terriers", J. A. Allen, 1979:

„Man sieht sie überall; alle Sorten und Arten von Terriern, und alle werden von ihren stolzen Besitzern Jack Russell genannt. Terrier von unbestimmtem Ursprung, altmodische Arbeits-Sealyhams und kleine kurzbeinige Terrier, alle sind ein Jack Russell geworden. Der Grund dafür ist, dass sie zu einem Kult geworden sind – zu einem versnobten Kult sogar –, sodass der Besitz eines Jack Russells zum Statussymbol wurde. Diese Terrier sind ohne Zweifel liebenswert und sehr oft sogar mutige kleine Kerle, aber sie sind nicht, und ich wiederhole, sie sind nicht Jack Russells. Der Standard für einen echten Jack Russell ist der von Trump, Jack Russells erste Hündin, wie sie am Anfang dieses Buches beschrieben ist."

So einfach wie hier geschildert ist der Unterschied zwischen Parsons und Jackies aber nicht. Der Unterschied liegt nicht nur an der Länge und Form der Beine.

Spaltung der Rassen

Bevor der Parson Jack Russell Terrier vom Englischen Kennel Club anerkannt wurde, gab es bei den damalig abgehaltenen Terriershows zwei verschiedene Größen, die getrennt gerichtet wurden: unter 12 Inch (30 cm) und über 12 Inch. Die größeren Terrier hatten eine Widerristhöhe von 14 Inch (35,5 cm). Die kleineren waren weder krumm- noch kurzbeinig, sondern hatten dieselben Proportionen wie die größeren Hunde. Die Größe der Hunde wurde durch das unterschiedliche Terrain bestimmt, in dem die Terrier

arbeiteten. In Wales und im Lake District wird zu Fuß gejagt; das Gelände ist steil und felsig. Dort benötigt man
einen größeren Hund als im Süden Englands.

Auch in vielen europäischen Ländern wurden Rasseklubs gegründet und diese Hunde unter dem Namen „Jack Russell Terrier" in die Register der kynologischen Verbände aufgenommen. Die Hunde kamen von überall her – aus England, Irland und Wales. Viele Leute entdeckten die pfiffigen kleinen Teufel in Reitställen und brachten sie mit nach Hause.

Der lange Weg der Anerkennung

Der hochläufige Parson Jack Russell Terrier wurde am 22. Januar 1990 vom Englischen Kennel Club als Rasse anerkannt. Die FCI (Fédération Cynologique Internationale) folgte am 2. Juli 1990 und akzeptierte „für eine unbegrenzte Übergangszeit" auch Hunde, die die Widerristhöhe von 26 cm nicht unterschreiten.

Somit waren sowohl Hochläufer als auch Niederläufer in allen Mitgliedsländern der FCI in einen Topf geworfen. Die Verwirrung war groß, aber sie sollte noch größer werden.

Meg im Besitz von Rona Marvin, ein vorzüglicher Typ unter 28 cm Schulterhöhe, Drahthaar. Gute, kleine, drahtige Terrier sind sehr schwierig zu züchten.(oben).

Malung Jim Beam, der erste australische Champion (Mitte).

Best Puppy bei der ersten australischen JRT-Ausstellung unter dem AKCC (unten).

(Fotos aus Jean and Frank Jackson:
„The Parson and Jack Russell Terriers", 1991)

Auch im Hundesport ist der Jackie mit Begeisterung dabei und kaum zu schlagen.

Umbenennung der Rasse
Unbeachtet von der restlichen Welt und vor allem von England, wurden zur selben Zeit der niederläufige Jack Russell Terrier und der hochläufige Parson Jack Russell Terrier vom Australian National Kennel Council (ANKC) am 1. Januar 1991 als eigenständige Rassen anerkannt. Im Jahr 1999 änderte der Englische Kennel Club den Namen des Parson Jack Russell Terriers dadurch, dass er das Wort „Jack" wegließ. Der Grund für diese Änderung war wahrscheinlich die Tatsache, dass der Irländische Kennel Club im selben Jahr den niederläufigen Jack Russell Terrier unter dem australischen Standard anerkannte. Die hochläufigen Terrier werden seit diesem Datum „Parson Russell Terrier" genannt.

Die endgültige Anerkennung durch die FCI erfolgte am 4. Juni 2001. Die Publikation des gültigen FCI-Originalstandards erfolgte am 9. Oktober 2003. Man hatte sicher gehofft, die zwei verschiedenen Schläge dieser Terrier abzugrenzen.

Zuchtbuchöffnung für niederläufige Terrier
Um alles noch verwirrender zu machen, öffnete der Englische Kennel Club das Register der Parson Russell Terrier vom 1. März 2003 bis zum 28. Februar 2004. In diesem Zeitraum wurden ungefähr 500 weitere Hunde registriert; viele von ihnen gehörten Terriermännern wie Eddie Chapman, die noch immer die kleineren, aber nicht niederläufigen „under 12 inch", also unter 30 cm großen Terrier züchteten. Um diesen Hunden Rechnung zu tragen, wurde der eng-

Info Erfahrungen eines Jackie-Besitzers

Wie unser Jack Russell zur Jagd kam
Vor ca. anderthalb Jahren haben wir uns einen Jack Russell Terrier zugelegt. Er fügte sich sehr gut in unser Rudel von Parsons ein. Ich nahm ihn überall mit. So kam es auch, dass er, zwar nicht geplant, aber einmal mit zur Drückjagd mitkam. Er wollte einfach nicht mehr aus meinem Jagdwagen aussteigen. Also kam er einfach mit, und siehe da, er lernte sehr schnell von den Parsons, wie man durch das Unterholz jagt und die eine oder andere Sau herausdrückt. Er hatte so viel Spaß und letztendlich Passion zur Jagd, dass er nun zu jeder Drückjagd mitgenommen wird. Wir waren zusammen im Jahr 2007 vierzehnmal auf einer Drückjagd, und inzwischen lernen die Parsons vom Jack Russell, wie man jagt. Ich will diesen kleinen tapferen Kerl nicht mehr missen. Er jagt so, wie ich es mir von einem Terrier wünsche: nicht zu scharf, aber dafür hart. Er ist schussfest, sichtlaut und, was ich besonders an ihm schätze, er sucht selbst- und eigenständig die Waldparzelle ab. Zudem ist er sehr führerbezogen, sodass ich noch nie nach der Jagd meinen Hund suchen oder auf ihn warten musste.

lische Standard geändert. Er wurde um folgenden Satz ergänzt:

„Es wird erkannt, dass kleinere Terrier für die Arbeit in gewissen Regionen benötigt werden, und kleinere Widerristhöhen sind deswegen annehmbar, vorausgesetzt, dass Gesundheit und Harmonie erhalten geblieben sind."

Dieser Satz wurde jedoch nicht von der FCI übernommen. Somit haben die englischen Parsons und die aus anderen Ländern unterschiedliche Rassestandards.

Irland ist bekanntlich ein Mitglied des FCI. Zusammen mit Australien übte Irland Druck auf die FCI aus, um die Anerkennung des niederläufigen Jack Russells unter Verwendung des australischen Standards als eigenständige Rasse zu erreichen. Dies gelang am 25. Oktober 2000.

Obwohl Parsons und Jackies in ihren Stammbäumen oft dieselben Uhrahnen haben, sind sie nunmehr in zwei verschiedene Rassen getrennt.

Ein Arbeitshund auf Ausstellungen

Ich hoffe, dass der lustige, lebhafte und robuste kleine Teufel mit dem Engelsgesicht nicht nur zum Ausstellungshund wird. Auch hoffe ich, dass er seine genetische sowie phänotypische Vielfalt behält, und dass wir in Zukunft noch viele flotte niederläufige Jackies in den Stallungen und bei sportlichen Wettkämpfen sehen.

Geoffrey Sparrow schreibt in seinem Buch „The Terrier's Vocation":

„Ausstellungen sind sehr unterhaltsam, aber es wäre ein trauriger Tag, wenn diese reizvollen kleinen Hunde, so voll von Persönlichkeit, Fröhlichkeit und Mut, nur zur Zierde werden. Es ist wichtig, dass der wahre Zweck eines Arbeitsterriers verstanden wird, und dass er dazu die Möglichkeit bekommt." Unter diesen Möglichkeiten versteht man nicht nur die Jagd; auch jede Art von Hundesport wie Agility, Flyball und Breitensport wird freudig von den Jackies angenommen.

Beim Flyball kommt es vor allem auf die Geschicklichkeit und Schnelligkeit an.

Geschichte und Wesen

Ein Ballspiel kann manchmal einen langen Spaziergang ersetzen.

Quirlige Kerle mit viel Temperament

Der Russell Terrier ist ein kleiner Hund mit einem großen Herzen und lustigem Wesen, der seinem Besitzer viel Freude, aber ebenso viel Anstrengung bereitet. Obwohl Parsons und Jackies sehr anpassungsfähig sind – zu Hause ruhig, sonst bei jedem Spaß dabei –, fordern sie sehr viel Zuwendung, eine konsequente Erziehung und vor allem sehr viel Bewegung. Zwei Stunden am Tag sollte man dem Russell Terrier widmen: eine halbe Stunde morgens und abends und mindestens eine Stunde freien Laufens zu Mittag. Diese Rassen sind nichts für Stubenhocker! Ein Russell Terrier muss körperlich und geistig gefordert werden. Parsons und Jackies sind äußerst charmante und liebenswerte Kerle, aber in den falschen Händen können sie unfolgsam, aggressiv und destruktiv werden. Einem unerfahrenen Hundehalter können sie schnell über den Kopf wachsen und die Führung im Haus beanspruchen.

Ein Hund mit besonderen Bedürfnissen

Leider haben Werbung und Filmindustrie den Parson und Jack Russell Terrier entdeckt und populär gemacht. Deshalb wünschen sich viele Menschen diesen niedlichen kleinen Hund, sind aber nicht dazu in der Lage, einen Arbeitsterrier zu halten und seinen Bedürfnissen gerecht zu werden.

> **Info Russell Terrier**
>
> Da sich Parson Russell Terrier und Jack Russell Terrier im Wesen und in den Bedürfnissen sehr ähnlich sind, wird im folgenden Text nur noch von dem Russell Terrier gesprochen. Gemeint sind hiermit beide Rassen.

Quirlige Kerle mit viel Temperament

> **Info** Eigenschaften
>
> Russell Terrier sind
> › äußerst lebhaft,
> › sehr intelligent,
> › eigenwillig,
> › selbstständig
> › und haben einen ausgeprägten Jagdtrieb.

Haben Sie sich für eine dieser beiden Rassen entschieden, müssen Sie Ihre Lebensgewohnheiten den Bedürfnissen des Hundes anpassen! Der Russell Terrier ist nicht der einfachste Hund und eignet sich nicht für jeden.

Parson und Jackie sind in der Regel äußerst kinderlieb. Trotzdem sollte man Hund und Kind immer beaufsichtigen. Denn sowohl Kinder als auch Terrier können ungestüm sein; da muss man anwesend sein, um eingreifen zu können. Obwohl kinderlieb und geduldig, sollte ein Hund niemals Spielzeug für kleine Kinder sein!

Russell Terrier sind robuste und langlebige Hunde. Sie übernehmen eine Verantwortung womöglich für die nächsten fünfzehn Jahre. Der Besitz eines Russell Terriers bereitet viel Freude; er wird Ihr Leben verändern – vielleicht für immer.

Wenn Sie sich dennoch entschlossen haben, dieses Abenteuer einzugehen und die notwendigen Voraussetzungen als Hundehalter mitbringen, werden Sie in einem Parson oder Jackie einen lustigen, treuen, robusten und auch langlebigen Gefährten haben, der Ihnen täglich viel Spaß macht. Die beiden sind die außergewöhnlichsten, lebhaftesten und fröhlichsten Persönlichkeiten aller Terrierrassen.

Kinder und Hunde können die besten Freunde werden. Doch darf man sie nie aus den Augen lassen. Hunde sind kein Spielzeug für Kinder.

Tipp | Überlegungen vor dem Kauf

> Bin ich bereit, für die nächsten fünfzehn Jahre die Verantwortung für einen äußerst lebhaften Hund mit einem ausgeprägten Jagdtrieb zu übernehmen?
> Bin ich bereit, falls notwendig, meinen Lebensstil für diesen Zeitraum zu verändern?
> Sind mein Partner und meine Kinder von der Anschaffung eines Terriers genauso begeistert wie ich?
> Bin ich in der Lage, den Hund ausreichend zu bewegen und zu beschäftigen, bei jedem Wetter, Sommer und Winter?
> Bin ich bereit, die nicht unerheblichen Kosten einer Hundehaltung zu tragen, oder bereitet das ein finanzielles Problem?
> Habe ich Zeit, mindestens einmal pro Woche einen Welpen- und Junghundekurs zu besuchen?
> Haben meine Familie und ich überhaupt genug Zeit für einen Hund? Ein Russell Terrier sollte als Welpe kaum und als ausgewachsener Hund nicht länger als vier Stunden allein gelassen werden. Ehepaare, die beide ganztags berufstätig sind und schulpflichtige Kinder haben, sollten sich deswegen keinen Hund kaufen.
> Habe ich Verwandte oder eine gute Hundepension, die meinen Hund bei Krankheit oder wenn ich im Urlaub bin aufnehmen?
> Wohne ich in einem Haus oder in einer Gegend, die den Bedürfnissen des Hundes entgegenkommt?
> Bin ich bereit, mit meinem Hund ins Grüne zu fahren, falls ich im Stadtzentrum wohne?
> Bin ich eine eiserne Hausfrau, oder kann ich mit Hundehaaren leben? Ein Russell Terrier ist absolut pflegeleicht, aber er haart das ganze Jahr über, egal ob glatt, broken coated oder rau.
> Kann ich alle Bedürfnisse eines Terriers erfüllen, oder sollte ich lieber eine andere, ruhigere und „einfachere" Rasse wählen?

In mir steckt viel mehr als man auf den ersten Blick erkennt.

Auf den Hund gekommen

Mein erster Hund kam aus Irland. Ich tat genau das, wovon ich eigentlich allen Lesern abrate. Ich kaufte ohne nachzudenken, folgte einem Impuls. Eine Freundin und ich waren auf Besuch bei alten Bekannten, die ein Haus an der Westküste Irlands, in County Mayo, haben. Meine Freundin hatte einen Auftrag, eine Jack Russell Terrier Hündin für die Jagd in Österreich zu besorgen. An einem Tag regnete es in Strömen und man konnte nicht viel anfangen. Wir kauften eine lokale Zeitung und fuhren los, die Bauern, die Jack Russell Welpen inseriert hatten, aufzusuchen. Beim dritten oder vierten Bauernhaus wurde uns ein Tricolor-Wurf gezeigt. „Das sind die Richtigen!", sagte meine Freundin und suchte sich eine kleine Hündin aus. Ohne zu zögern oder nachzudenken, sagte ich: „Ich nehme diesen Rüden." Wir bekamen einen Tee, bezahlten dem erfreuten Bauern einige irische Pfund, stiegen ins Auto und fuhren zum nächsten Tierarzt, um die Hunde impfen zu lassen. In einer Ortschaft sind wir an einem Pub namens O'Grady vorbeigefahren. In diesem Augenblick fing mein Welpe an zu fiepen. Er war somit getauft. Das war im Sommer 1986.

O'Grady wurde ein sehr schöner, wesensstarker Hund. Er war ein Energiebündel; ich ging drei- bis viermal in der Woche mindestens eine Stunde mit ihm im Wienerwald laufen. Kurz danach kam Lucy, eine rauhaarige Hündin aus England, dazu, dann folgte der erste Wurf. Ich habe viel von O'Grady gelernt. Er hat mein Leben nicht nur für immer verändert, er hat es vor allem auch bereichert.

Unser Russell Terrier zieht ein

Der Russell Terrier ist ein kleiner Hund, weswegen viele Menschen dem Irrtum verfallen, dass er leicht zu halten sei. Lassen Sie sich von der Größe des Russells nicht täuschen! Er braucht mehr Zuwendung und Bewegung als die meisten größeren Rassen. Er ist ein Energiebündel, intelligent, anspruchsvoll, verspielt, immer lebhaft: ein großer Hund in einem kleinen Körper!

Eine Entscheidung fürs Leben

Bevor Sie sich für einen Hund entscheiden, lernen Sie die Rasse kennen. Kaufen Sie sich Bücher über den Parson und Jack Russell Terrier und besuchen Sie einige Hundeausstellungen. Unterhalten Sie sich mit Leuten, die bereits einen Russell Terrier besitzen, und finden Sie heraus, ob diese Hunde überhaupt zu Ihnen und Ihrem Lebensstil passen. Gehen Sie nicht den Weg, den ich beschrieben habe (siehe S. 19). Es kann gut gehen, muss aber nicht.

Information über die Rassen

Seien Sie nicht schüchtern – sprechen Sie Russell Terrier-Besitzer und -Aussteller an. Jeder, der einen solchen Hund besitzt, ist froh, wenn er Ihnen etwas über ihn und die Rasse erzählen kann. Fragen Sie, bei welchem Züchter der Hund gekauft wurde, wie der Käufer dort empfangen wurde und wie sich der Kontakt mit dem Züchter nach dem Kauf entwickelt hat.

Jedes Kind will einen Hund haben. Die Arbeit liegt aber immer bei den Eltern.

Züchter bestitzen meist mehrere Hunde in unterschiedlichem Alter.

Geduld beim Welpenkauf
Haben Sie alle Vor- und Nachteile dieser Rasse in Erwägung gezogen und wollen bei Ihrem Entschluss bleiben, einen Russell Terrier ins Haus zu holen, dann stürzen Sie sich nicht auf den nächstbesten Welpen. Haben Sie Geduld, kaufen Sie nicht spontan bei einer Hundeausstellung und schon gar nicht bei einem Hundehändler.

Vergessen Sie nicht: Dieser Hund wird für die nächsten fünfzehn Jahre ein Mitglied Ihrer Familie und ein Teil Ihres Lebens sein. Da sollten Sie schon vorher etwas über seine Herkunft und seine Ahnen wissen und nicht blindlings irgendwo einen Welpen kaufen.

Die Wahl des passenden Züchters

Kaufen Sie Ihren Welpen nur bei einem Züchter, dessen Rassezuchtverein im VDH (Verband für das Deutsche Hundewesen), ÖKV (Österreichischer Kynologenverband) bzw. der SKG (Schweizerische Kynologische Gesellschaft) organisiert ist. Dort gibt es für die Zucht strenge Auflagen, die, so weit wie möglich, gesunde, rassetypische und gut geprägte Welpen garantieren.

Namen und Adressen von Züchtern erfahren Sie auf Ausstellungen und vor allem bei den zuständigen Rasseklubs (Adressen, siehe S. 117).

Nehmen Sie sich die Zeit, mehrere Züchter zu besuchen. Rufen Sie an, fragen Sie den Züchter, ob er einen Wurf hat oder einen erwartet. Wenn der Züchter Ihnen einige Fragen über Ihre Familienverhältnisse stellt, sich erkundigt, wie und wo Sie wohnen, wie viel Freizeit Sie haben, wie groß Ihre Familie ist, woher Sie die Rasse kennen und Ähnliches mehr, dann können Sie sicher sein, dass er ein gewissenhafter Züchter ist, der sich Gedanken darüber macht, wie und wo seine Welpen ihr Leben verbringen werden. Es gibt aber leider auch Züchter, die einfach nur verkaufen wollen.

Sehen Sie sich die Zuchtstätte und die Hunde genau an, auch wenn noch kein Wurf da ist. Suchen Sie sich einen Züchter aus, der Ihnen sympathisch ist und der Ihre Sprache spricht. Sie werden ihn in Zukunft brauchen.

| Tipp | Mit Rat an Ihrer Seite |

Vergewissern Sie sich, dass der Züchter bereit ist, Ihnen auch nach dem Kauf eines Welpen behilflich zu sein, falls Probleme oder Fragen auftauchen. Es werden im Laufe eines Hundelebens immer wieder Fragen auftreten, bei denen Ihnen Ihr Züchter mit Rat zur Seite stehen kann. Er sollte Interesse daran zeigen, was aus seinem Welpen wird und wie er sein Leben verbringt.

Besuch beim Züchter

Sollten Sie einen Wurf besichtigen können, sehen Sie sich unbedingt auch die Mutterhündin genau an. Sind die Welpen in eine Zwingeranlage verbannt, oder sind sie auch im Haus und ins Familienleben integriert? Ist die Mutterhündin, nachdem Sie ihr genug Zeit gegeben haben, Sie zu begrüßen und zu beschnuppern, freundlich oder ängstlich, womöglich aggressiv? Erkundigen Sie sich über den Vater des Wurfes, und vergewissern Sie sich, dass alle notwendigen Gesundheitsuntersuchungen auf Patella-Luxation und erbliche Augenkrankheiten der Elterntiere erfolgt sind. Fragen Sie, ob eine audiometrische Untersuchung vor der Abgabe der Welpen erfolgen wird. Lassen Sie sich die Ahnentafel der Welpen, und, wenn noch nicht verfügbar, die Ahnentafeln der Elterntiere zeigen. Vergewissern Sie sich auch, dass keine Inzucht betrieben worden ist. Das bedeutet, dass keine gemeinsamen Ahnen vor der dritten Generation (Urgroßeltern) auftreten sollten.

Eine wesensfeste Hündin ist mit ihren Welpen streng aber fürsorglich.

Kleine Hunde brauchen wie kleine Kinder ihre Auszeit.

Haltungsbedingungen
Sind die Welpen aufgeweckt, sauber, lustig und freundlich? Ist der Züchter stolz auf seinen Wurf und zeigt er Ihnen freiwillig den Deckrüden oder zumindest seine Ahnentafel? Wenn nicht, zeigt er Ihnen Fotos? Ist der Züchter vorsichtig und darauf bedacht, dass Sie keine Krankheitserreger ins Haus bringen, bevor die Welpen geimpft sind? Verlangt er von Ihnen, dass Sie Ihre Schuhe ausziehen?

Ein guter Züchter befasst sich mit seinen Welpen in der Prägungsphase (ab der vierten bis zur achten Woche) besonders intensiv. Ein Welpe, der isoliert aufwächst, ist meistens schüchtern und gestört. Welpen, die im Haus aufwachsen (mit Geräuschen von Geschirrspüler, Staubsauger, Kochtöpfen oder Deckeln, die zu Boden fallen) und von Familienmitgliedern, Kindern und „fremden" Menschen umgeben sind, sind gut sozialisiert, unerschrocken und selbstsicher. Oft haben sie sogar bereits das Autofahren kennengelernt.

Auswahl des Welpen

Ein guter Züchter freut sich über Ihr Interesse für die Rasse und begrüßt es, wenn Sie die Welpen öfter besuchen, auch wenn er seine Zeit und einige Tassen Kaffee opfern muss. Er kennt bereits die Wesensmerkmale seiner Welpen, gibt Ratschläge, welcher Hund zu Ihnen passen würde, versucht aber nicht, Ihnen einen Welpen einzureden.

Obwohl ich als Züchter eine Anzahlung in meinem Kaufvertrag vereinbare, verlange ich sie nicht. Wenn jemand einen Hund will, gibt es keine Probleme. Wenn es Probleme gibt, war die Person sowieso die falsche!

Rüde oder Hündin?
Ob Sie einen Rüden oder eine Hündin kaufen sollen, ist eine Frage, bei der ein guter Züchter brauchbare Ratschläge geben wird. Das Wesen eines Hundes hängt weniger von seinem Geschlecht ab, als man glaubt.

Auswahl des Welpen

Aus mir unerklärlichen Gründen wollen die meisten Neulinge eine Hündin. Ich habe nie verstanden, warum das so ist. Meiner Erfahrung nach sind Rüden anhänglicher, Hündinnen dafür selbstständiger. Eine Hündin wird wahrscheinlich zweimal im Jahr läufig, sie kann an Scheinträchtigkeit leiden und ist meistens komplizierter beim Spazierengehen.

Ein Rüde ist anderen Rüden gegenüber manchmal dominant, er markiert sein Territorium durch häufiges Beinheben, beschnuppert jede Häuserecke und jeden Baum – aber viele Hündinnen tun das auch. Wenn Sie schon einen Hund besitzen, ist es ratsam, sich für das andere Geschlecht zu entscheiden. Falls Ihre Wahl auf einen kleinen Rüden fällt, vergewissern Sie sich, dass beide Hoden im Hodensack sind. Diese sollten mit der achten Woche deutlich spürbar sein. Ein guter Züchter wird Sie darauf aufmerksam machen. Falls ein Hoden in der Bauchhöhle bleibt, muss er operativ entfernt werden.

Welpe oder erwachsener Hund?
Überlegen Sie sich, falls Sie nicht die Strapazen einer Welpenerziehung auf sich nehmen wollen, ob ein erwachsener Hund nicht einfacher für Sie wäre. Russell Terrier sind sehr anpassungsfähig und gewöhnen sich schnell an ein nettes Zuhause. Ein ausgewachsener Hund ist bereits stubenrein, er hat seine zweiten Zähne und knabbert nicht mehr an Tisch- und Sesselbeinen, und man kann beurteilen, wie sein Wesen ist. Es gibt verschiedene Gründe, wie Krankheit, Tod oder Scheidung, warum ein Hund ein neues Zuhause braucht.

Wenn eine Zuchthündin ihr Pensum an Würfen erfüllt hat und nicht mehr für die Zucht eingesetzt werden kann, wird oft ein guter Platz für sie gesucht. Jede Hündin blüht auf, wenn sie konkurrenzlos ist und statt im Zwinger womöglich in Ihrem Bett schlafen darf. Da Russell Terrier sehr langlebig sind, hat solch eine Hündin noch viele gute Jahre vor sich.

Aufgaben des Züchters

Ziel einer Zucht
Züchterstolz

Bei der Hundezucht sollte es nicht um Geld gehen, sondern um ein Hobby, das viel Freude bereitet. Deshalb liegt es einem verantwortungsbewussten Züchter auch sehr am Herzen, zu welchen Menschen seine Welpen kommen. Er wird die Welpenkäufer genauestens prüfen und auch nach der Abgabe Interesse an seinen Hunden zeigen.

Die Hündin
Sicher im Wesen

Bei einer Wurfplanung sind natürlich die Wesenseigenschaften von Hündin und Rüde wichtig. Doch da es die Hündin ist, die ihre Welpen großzieht, sollte man bei ihr sehr genau darauf achten, wie sie mit ihrem Nachwuchs umgeht. Von ihr lernen die Welpen in den ersten acht Wochen alle wichtigen Dinge. Sie sollte sicher gegenüber Menschen, ihren Welpen und ihrer Umwelt sein und auf keinen Fall übermäßig aggressiv reagieren.

Die Züchterfamilie
Menschen kennenlernen

Welpenaufzucht bedeutet viel Arbeit. Hier ist die ganze Familie gefragt. Neben der Versorgung der Hündin und Sauberhaltung des Wurflagers gilt es später, die Welpen richtig zu ernähren, an unterschiedliche Menschen wie Kinder, Männer, Frauen, Ältere usw. heranzuführen und mit der Umwelt vertraut zu machen. Jeder einzelne Welpe braucht die Fürsorge seiner Züchterfamilie.

Sicherheit

Neues entdecken

Wächst ein Welpe in einer reizlosen Umgebung auf, wird er später große Schwierigkeiten mit seiner Umgebung bekommen. Deshalb bietet man heutzutage den Welpen die unterschiedlichsten Reize wie Tunnel, Gitterroste, Flatterbänder, Bälle, Wasser usw. an. Auch Alltagsgeräusche wie von Staubsauger, Geschirrspüler oder auch Autolärm sind für eine gute Prägung wichtig.

Hundesprache

Kräfte messen im Spiel

Wie wir Menschen müssen auch Hunde ihre Sprache lernen. Das tun sie im Spiel mit der Mutter, ihren Geschwistern und eventuell anderen älteren Hunden im Züchterhaushalt. Durch das Spiel lernen sie vorsichtig mit ihren Zähnchen umzugehen und auch einmal Frustration zu ertragen. Nicht immer geht man erfolgreich aus einer „Auseinandersetzung" hervor. Auch der Umgang mit Frustration muss gelernt werden.

Auf Erkundungstour

Mit allen Sinnen voran

Unsere Hunde leben heute in einer sehr eingeschränkten und technisierten Umwelt. Sie müssen sich an unterschiedliche Lebensweisen anpassen. Bereits beim Züchter lernen sie die Umgebung kennen und werden auf kleine Ausflüge in die Natur oder auch einmal in die Stadt mitgenommen. Sie lernen Wald, Wiesen, Bäche, Häuser, Straßen, Autos und vieles mehr kennen.

Das Jagen liegt den meisten Russells im Blut.

Ziele der Hundehaltung

Überlegen Sie sich, was Sie mit dem Hund machen wollen. Wollen Sie einen Jagdhund, einen Familienhund, einen Ausstellungshund oder einen Hund für die Zucht? Wollen Sie mit dem Hund Sport betreiben? Auch bei diesen Fragen wird Ihnen der Züchter behilflich sein. Falls Sie züchten wollen, ist es ratsam, mit einer ausgewachsenen Hündin anzufangen, die bereits ihren Zahnwechsel hinter sich hat. Häufig gibt es einen Welpen im Wurf, der Sie sofort anspricht. Dieses subjektive Gefühl ist meistens richtig, aber besprechen Sie Ihre Auswahl mit Ihrem Züchter, und lassen Sie sich nicht zu sehr von Farbe, Haarkleid oder Geschlecht beeinflussen.

Formalitäten

Ein Welpe wird meistens ab der achten Woche, während der Sozialisierungsphase, an seinen neuen Besitzer abgegeben. Er hat zu diesem Zeitpunkt die ersten Schutzimpfungen, ist tätowiert oder zur besseren Identifikation mit einem Mikrochip versehen. Er wurde ab der zweiten Woche mindestens dreimal entwurmt, und sein Impfpass wird dem Käufer mitgegeben. Es ist vernünftig, einen Kaufvertrag abzuschließen.

Lesen Sie diesen noch vor dem Kauf durch, und entscheiden Sie sich, ob Sie die möglichen Bedingungen des Züchters akzeptieren können. Wichtig ist, dass Sie eine genaue Futteranleitung sowie genug Futter für die ersten Tage vom Züchter mitbekommen.

Jeder Futterwechsel führt zu Verdauungsstörungen und sollte nur allmählich, über einige Tage durchgeführt werden.

Die Ahnentafel wird in der Regel nachgereicht, da es einige Zeit dauert, bis sie vom Zuchtbuchführer und dem Verband ausgestellt wird.

Grundausstattung

Bevor Sie Ihren Hund abholen, fragen Sie am besten Ihren Züchter, was Sie einkaufen sollen. Es kann sein, dass er die notwendigsten Gegenstände für seine Welpenkäufer auf Lager hat.

Grundausstattung

Russell Terrier eignen sich auch sehr gut als Familienhunde. Sie müssen jedoch ausreichend beschäftigt werden, um ihrer Jagdleidenschaft nicht ungehemmt nachgehen zu können.

Zunächst brauchen Sie eine Leine und ein Halsband. Geeignet ist für den Anfang ein Nylonhalsband, das sich stufenlos verstellen lässt, und eine dazu passende Leine. Außerdem benötigen Sie einen Futter- und einen Wassernapf, am besten solche, die der Hund nicht umkippen oder herumtragen kann und die leicht zu reinigen sind.

Auch ein Hundekorb ist wichtig. Plastikkörbe sind besser als geflochtene Strohkörbe, da sie schwerer zu zerbeißen und leichter zu reinigen sind. Ein Vet- oder Drybed, das im Zoofachhandel erhältlich ist und das man bei 90 °C waschen kann, empfiehlt sich als Einlage. Ihr Hund sollte ausgestreckt in seinem Korb liegen können.

Tipp | Welpen-Check

Sehen Sie sich die Welpen beim Züchter genau an:
- Sie sind gesund, munter und neugierig, nicht scheu oder desinteressiert.
- Das Fell ist sauber und glänzend, die Haut elastisch.
- Die Welpen riechen angenehm.
- Die Ohren sind sauber.
- Die Augen sind sauber und glänzen, sie tränen nicht und sind nicht getrübt.
- Die Nase ist kühl, feucht und sauber, ohne Ausfluss.
- Der Bauch ist nicht aufgetrieben und hart und hat keine Beule (Nabelbruch).
- Die Zähne sind gerade, die oberen Schneidezähne liegen knapp über den unteren.
- Bei Rüden sind beide Hoden im Hodensack.

Achten Sie auf geeignetes Spielzeug, das nicht sofort zerkaut oder gar verschluckt werden kann.

Die Hundebox

Sehr zu empfehlen sind Hundeboxen aus Plastik. Sie dienen dem Hund nicht nur als Häuschen, sondern sind auch nützlich für den Transport im Auto, in der Bahn oder im Flugzeug. Boxen mit Griffen und Rädern sind auch sehr praktisch für Hundeausstellungen. Viele Leute sträuben sich dagegen, einen Hund in eine Box zu sperren, und betrachten es als Strafe. Sie werden sehen, wie gern Ihr Russell Terrier seine Box annimmt – er wird auch bei offenem Gitter freiwillig hineingehen und dort bleiben. Die Box ist ein warmer und sicherer Schlafplatz, der ihm Geborgenheit bietet. Ein guter Züchter hat seine Welpen bereits vor der Abgabe an eine Box gewöhnt.

Ein Ort der Sicherheit

Eine Hundebox ist auch die beste Lösung für die Unversehrtheit Ihrer Wohnung und die Sicherheit Ihres Hundes, wenn Sie ihn einmal nicht beaufsichtigen können. Am Anfang sollten Sie Ihren Welpen aber nur für kurze Zeit in der Box lassen.

Kaufen Sie eine Box, die groß genug ist, sodass ein ausgewachsener Russell Terrier darin stehen und sich leicht umdrehen kann. Ein Wassernapf aus Stahl sollte an der Innenseite angebracht werden. Benutzen Sie die Box nicht als Strafe – sie sollte für den Hund ein bequemer und angenehmer Platz sein, seine kleine Höhle, in die er sich immer zurückziehen kann. Gewöhnen Sie Ihren Welpen allmählich an die Box, z. B. mit Leckerli oder Spielzeug.

Russell Terrier gehen gern in ihre Box. Ein guter Züchter gewöhnt bereits seine Welpen daran.

Grundausstattung

Soll der Hund den Ball hergeben, gibt man ihm einen Ersatz oder eine Belohung und gewöhnt ihn an das Signal AUS.

Geeignetes Spielzeug

Etwas Spielzeug werden Sie auch anschaffen müssen. Kauknochen und Seilknoten sind gut, ein Kong aus Hartgummi ist noch besser. Quietschtiere gehen oft schnell kaputt und lehren ein falsches Hundeverhalten. Im Wolfsrudel wird von einem Welpen, der quietscht, sofort abgelassen. Wenn Ihr Welpe mit seinen spitzen Zähnen zu fest zubeißt, quietschen Sie – er wird sofort loslassen. Alles, was zerkaut und geschluckt werden kann, ist gefährlich. Täuschen Sie sich nicht: Ein Terrier Welpe kann die meisten Spielzeuge vernichten!

Für den Anfang vollkommen ausreichend sind leere Toilettenpapier- und Küchenrollen sowie geknotete alte Socken, die der Welpe nach Herzenslust zerreißen und zerkauen kann. Dieses Spielzeug hat auch den Vorteil, dass man es in die Waschmaschine geben kann. Alles, was herumliegt, ist für den Welpen ein Spielzeug. Es ist ratsam, Schuhe, Socken, Taschen, Pullover und Ähnliches ausserhalb der Reichweite des Russells aufzubewahren. Sollte der Kleine anfangen, an Möbelstücken zu knabbern, bestreichen Sie diese mit ein paar Tropfen Tabasco Sauce.

Info | Sicherheit für Welpen

Ihre Wohnung und Ihr Garten müssen vor der Ankunft des Hundes welpensicher gemacht werden.

> Bringen Sie Topfpflanzen, besonders giftige, in Sicherheit (siehe S. 76).
> Schokolade enthält Koffein und einen ähnlichen Stoff, das Theobromin. Beide Stoffe können zu schweren Herzproblemen führen. Kleine Hunde von wenigen Kilogramm Körpergewicht können schon nach der Aufnahme von 20 bis 30 Gramm sterben.
> Alle Haushalts- und Putzmittel müssen für den Hund unerreichbar sein.
> Sehr gefährlich sind Stromkabel – ein durchgebissenes Stromkabel kann einen tödlichen Schlag verursachen.
> Jeder Zwischenraum am Balkon oder auf der Treppe, wo der Welpe durchschlüpfen kann, bedeutet Sturzgefahr und muss mit einem Drahtgitter gesichert werden.
> Ihr Garten muss gut eingezäunt sein – Russell Terrier graben schnell und tief!
> Ein Schwimmbecken ist für einen Hund genauso gefährlich wie für ein Kleinkind! Es sollte deshalb unbedingt eingezäunt werden.

In den ersten Tagen braucht Ihr Welpe Zeit, sich an Sie und Ihre Familie zu gewöhnen. Muten Sie ihm nicht zuviel auf einmal zu.

Auf ins neue Zuhause

Russell Terrier sind sehr anpassungsfähig. Sie gewöhnen sich sehr schnell an ihre neue Umgebung. Der Welpe sollte vor seiner ersten Autofahrt nicht gefüttert werden, sodass sein Magen leer ist. Für alle Fälle nehmen Sie aber eine Küchenrolle mit. Falls Sie eine lange Reise vor sich haben, halten Sie öfter an und setzen Sie den angeleinten Hund aufs Gras, um ihm Gelegenheit zu geben, sein Geschäft zu verrichten.

Vergessen Sie nicht, dass die Trennung von Mutter und Geschwistern ein Schock für Ihren kleinen Hund ist. Machen Sie ihm daher die Reise so angenehm wie möglich. Am besten fahren Sie zu zweit, damit sich eine Person ungestört um den Welpen kümmern kann.

Die ersten Tage

Zu Hause angekommen, lassen Sie Ihren Welpen sein neues Heim erkunden, dann zeigen Sie ihm seinen Schlafplatz. Während der ersten Tage sollten Sie nicht gleich alle Verwandten und Freunde den Neuankömmling bewundern und berühren lassen. Geben Sie ihm Zeit, sich mit Ihnen und seiner neuen Umgebung vertraut zu machen. Setzen Sie ihm aber auch Grenzen. Hat er mit „schlechtem" Benehmen Erfolg, wird es schwierig sein, ihn später an etwas anderes zu gewöhnen.

Mein Name ist „Jack"

Sobald Sie Ihren Hund nach Hause geholt haben, sollten Sie anfangen, ihn an seinen Namen zu gewöhnen. Vom Züchter hat er bereits einen Namen bekommen, aber Sie können sich selbst einen „Rufnamen" aussuchen. Benutzen Sie diesen beim Spielen, oder auch beim Fressen und in jeder angenehmen Situation. Sprechen Sie seinen Namen mit einer freundlichen, hohen Stimme aus, denn der Hund soll damit nur Positives verbinden.

Macht er etwas Unerwünschtes, dann sagen Sie nur PFUI oder NEIN, ohne seinen Namen zu nennen.

Schlafplatz bei Nacht

Die erste Nacht kann, muss aber nicht schwierig sein. Manche Welpen schlafen brav durch, andere vermissen ihre Mutter und ihre Wurfgeschwister so sehr, dass sie winseln und jaulen. Lassen Sie sich nicht zu sehr erweichen – Russell Terrier sind genauso schlau wie kleine Kinder. Wenn sie merken, dass ihr Geschrei Erfolg hat, werden sie es immer wieder versuchen. Auch wenn Sie möchten, dass Ihr Hund in einer Box oder seinem Korb in einem ande-

Die ersten Tage

ren Zimmer schläft, müssen Sie ihn nicht unbedingt von der ersten Nacht an daran gewöhnen. Viele Verhaltensforscher, wie z. B. Roger Mugford, raten dazu, den einsamen kleinen Hund, der zum ersten Mal in seinem Leben ohne Mutter und Geschwister in einer fremden Umgebung ist, für die erste Zeit in der Nähe des Bettes schlafen zu lassen. Erst im Alter von ungefähr drei Monaten wird empfohlen, den nunmehr selbstsicheren und an sein neues Zuhause gewöhnten Hund an seinen endgültigen Schlafplatz überzusiedeln.

Stärkung der Bindung

Stellen Sie sich vor, wie sich Ihr Welpe fühlt, wenn er zum ersten Mal in seinem Leben allein ist und von Ihnen in Küche oder Badezimmer gesperrt wird. Sie schalten das Licht aus und schließen die Tür. Das kann zu Trennungsangst führen. Eine gewisse Zeit die Nacht in Ihrer Nähe zu verbringen, verstärkt die Bindung und beruhigt.

> **Tipp** | **Einkaufsliste**
>
> Bevor Ihr Welpe ins Haus kommt, sollten Sie sich folgende Dinge besorgen:
> - Halsband und Leine
> - Futternapf, Wassernapf
> - Hundekorb mit waschbarer Einlage
> - Hundebox mit Wassernapf und waschbarer Einlage
> - Spielzeug
> - gewohntes Futter
> - Kauknochen

Gehen Sie spät am Abend, so gegen elf Uhr, noch einmal mit Ihrem Hund hinaus, damit er sich lösen kann. Vielleicht hält er es dann bereits die Nacht durch. Ansonsten müssen Sie noch ein paar Tage öfter in der Nacht aufstehen, bis er seine Blase in den Griff bekommt. Das kann von Welpe zu Welpe unterschiedlich lang dauern. Mit zirka drei Monaten sollte Ihr Welpe fast stubenrein sein.

Ein ausgelasteter Russell ist ein ruhiger und angenehmer Hausgenosse.

Jeden Tag gibt es im Garten neue Gerüche.

Stubenreinheit

Ist Ihr kleiner Hund an eine Box gewöhnt, wird das Problem des Sauberkriegens vereinfacht. Ein Welpe verschmutzt ungern sein eigenes Nest, wenn er nicht unbedingt muss. Lassen Sie den kleinen Hund tagsüber aber keinesfalls länger als eine Stunde in seiner Box. Ein Welpe ist wie ein Baby und braucht viel Ruhe. Lassen Sie ihn schlafen, solange er will, und wecken Sie ihn nicht auf. Wenn er aufwacht, gehen Sie sofort mit ihm hinaus.

Junge Hunde müssen sich sofort nach dem Aufwachen und fast sofort nach dem Fressen lösen. Wenn Sie Ihren Welpen aufmerksam beobachten, werden Sie die Zeichen bald erkennen können: Der kleine Hund läuft emsig herum und sucht ein Plätzchen. Nehmen Sie ihn sofort und gehen Sie mit ihm hinaus an seinen gewohnten Platz. Falls Sie und er Erfolg haben, ist ausgiebiges Lob angebracht.

> **Tipp** | **Zeit zum Lösen**
>
> Bringen Sie Ihren Welpen immer nach draußen:
> › nach dem Aufwachen am Morgen,
> › nach jedem Schläfchen tagsüber,
> › sofort nach dem Fressen,
> › wenn Sie den Welpen eine Weile allein gelassen haben,
> › abends vor dem Schlafengehen,
> › wenn er suchend herumläuft.

Lob statt Tadel

Falls Ihrem Hund einmal ein kleines Missgeschick passiert ist, können Sie es nur ohne Kommentar aufputzen. Schimpfen nützt nichts. Denn der

Was hat sich hinter den Ringelblumen versteckt? Russells haben von klein auf eine gute Nase.

Hund muss den Tadel und seine Tat in Verbindung bringen können. Hunde haben kein Langzeitgedächtnis wie wir, und nachträgliches Schimpfen verwirrt sie nur. Stecken Sie niemals seine Nase hinein, das ist Tierquälerei! Meist ist es sowieso Ihre Schuld, wenn der Hund auf Ihren Teppich macht, weil Sie die Zeichen nicht erkannt haben.

Geben Sie Ihrem Hund mindestens alle drei Stunden Gelegenheit, sein Geschäft zu erledigen, und sparen Sie nicht mit Lob. Er will Ihnen gefallen, und Lob ist wirksamer als Tadel. Ab einem Alter von zirka drei Monaten sollte Ihr Terrier die Nacht durchhalten können. Ein kleines Malheur kann natürlich immer passieren.

Kleine Ausflüge

Überfordern Sie Ihren Welpen nicht. Wenn er schläft – und er braucht viel Schlaf –, lassen Sie ihn schlafen. Tragen Sie ihn bis zum Ende des dritten Monats die Treppen hinunter und hinauf. Das schont die Gelenke.

Gehen Sie mit Ihrem kleinen Hund von Anfang an für kurze Zeit (ca. 15 Minuten) spazieren. Wählen Sie eine Gegend – auch wenn Sie mit dem Auto dorthin fahren müssen –, in der Sie Ihren Hund ohne Leine laufen lassen können. Keine Angst: Ihr Hund wird Ihnen nicht davon-, sondern nachlaufen. Sollte er einmal einen kleinen Abstecher versuchen, laufen Sie ihm nicht hinterher – er wird glauben, dass Sie spielen wollen –, sondern gehen Sie langsam von ihm weg und rufen Sie ihn. Er wird Ihnen folgen, weil er bei Ihnen und nicht allein sein will. Wenn er kommt, bücken Sie sich zu ihm hinunter, streicheln und loben ihn und geben ihm einen kleinen Leckerbissen.

Tipp | Schnüffelrunden

Ausflüge sind das Schönste für einen Hund. Wenn Sie sofort nach seinem „Geschäft" wieder nach Hause gehen, wird er es bald so lange wie möglich zurückhalten, um die Spaziergänge auszudehnen. Sie sollten übrigens immer ein Plastiksäckchen in der Tasche haben, um die Hinterlassenschaften Ihres Hundes entfernen zu können.

Ein großer Knochen tröstet über vieles hinweg.

Alleinbleiben

In den ersten Tagen sollten Sie so viel Zeit wie nur möglich mit Ihrem Welpen verbringen. Spielen Sie mit ihm, streicheln Sie ihn und sprechen Sie freundlich mit ihm. Vergessen Sie aber nicht, ihm seine nötigen Ruhepausen zu gönnen. Auch Ihre Kinder müssen akzeptieren, dass ein kleiner Hund seinen Schlaf braucht.

Sie sollten Ihren Hund langsam daran gewöhnen, für kurze Zeit allein zu bleiben. Auch hier ist die Hundebox nützlich. Obwohl Ihr Russell Terrier Ihr Leben verändern wird, brauchen Sie nicht der Sklave Ihres Hundes zu werden. Auch er muss sich an Ihr Leben anpassen. Sie werden sich wundern, wie schnell der kleine Hund sich an Ihren Tagesrhythmus gewöhnt.

Lassen Sie ihn zuerst nur wenige Minuten allein, indem Sie ganz kurz das Zimmer verlassen. Dehnen Sie die Zeitspanne allmählich weiter aus, bis Sie die Wohnung verlassen können. Ein getragenes Kleidungsstück, das Ihren Geruch angenommen hat, oder ein Kauknochen zur Beschäftigung kann die Trennungsangst mindern.

Welpentreffen

Ihr kleiner Russell Terrier wurde von seinen Wurfgeschwistern und seiner Mutter getrennt, alle seine Spielgenossen sind ihm abhanden gekommen. Sein ganzes soziales Gefüge hat sich über Nacht verändert.

Obwohl Sie als neue Bezugsperson nunmehr den Platz seiner Mutter einnehmen, fehlen ihm die Erfahrungen, die er spielerisch im Wurf oder im Rudel machen könnte.

Welpenentwicklung

Es wird allgemein angenommen, dass die Entwicklung in verschiedenen Phasen stattfindet (siehe S. 40). Die Grenzen sind natürlich fließend, jeder Hund ist anders, und die Reifungsprozesse sind auch durch die Umwelt beeinflusst.

Genau deshalb sind Welpenspieltage von äußerster Wichtigkeit. Ihr Welpe ist nunmehr „vereinzelt", es fehlen ihm der Kontakt und das Spiel mit Art- und Altersgenossen, die ihn in seiner Entwicklung zu einem wesensfesten und verlässlichen Hund heranreifen lassen.

Anforderungen an unsere Hunde

Die Welt der Hunde hat sich in den letzten 75 Jahren grundlegend geändert. Die meisten Hunderassen üben die Arbeit, für die sie ursprünglich gezüchtet wurden, nicht mehr aus. Jagdhunde oder Terrier wurden früher nur von Menschen gehalten, die sie für die vorgesehene Arbeit brauchten. Hunde werden also heutzutage „zweckentfremdet" und sind hauptsächlich Gesellschaftshunde. Auch der Russell Terrier ist ein beliebter Haus- und Familienhund geworden, der wahrscheinlich nie in seinem Leben Gelegenheit haben wird, auf die Fuchsjagd zu gehen. Man muss sich darüber im Klaren sein, dass diese Eigenschaften vorhanden sind und in die richtigen Bahnen gelenkt werden müssen. Doch diese Eigenschaften, für die er seit nahezu zwei Jahrhunderten gezüchtet wurde, sind heute größtenteils unerwünscht. Das Bellen, mit dem der Russell die Anwesenheit eines Fuchses im Bau meldete, wird als lästiges Kläffen abgetan. Der Jagdtrieb wird oft als Unfolgsamkeit empfunden. Dennoch sind diese und andere Eigenschaften des Hundes völlig normales, artgerechtes Verhalten. Jäger verstehen und fördern diese Triebe, aber unerfahrene Hundehalter sind oft ratlos. Zum Glück bieten sich hier Welpenspieltage auch als Lernprozess für die neuen Hundebesitzer an. Es ist ratsam, dass Sie schon wenige Tage nach der Übernahme Ihres Welpen mit den Prägungsspieltagen beginnen. Die ersten Tage und Wochen in seinem neuen Heim sind für den Hund sehr wichtig und haben großen Einfluss auf sein späteres Verhalten.

Beim friedlichen Spiel ist alles erlaubt.

Anmeldung zum Welpenkurs

Hüten Sie sich vor den altmodischen Hundeschulen, wo nur mit Zwang und Härte vorgegangen wird. Suchen Sie sich einen Welpenspielkurs, der nach modernen, von Verhaltensforschern ausgearbeiteten Erkenntnissen geführt wird. Der Kurs muss auf Spiel, Belohnung und noch mehr Spiel aufgebaut sein. Die Gruppe sollte klein sein, nicht mehr als etwa acht Teilnehmer, sodass sich der Kursleiter jedem Hund und jedem Besitzer auch intensiv widmen und seine Fragen beantworten kann.

Versicherungen und Steuer

Eine Haftpflichtversicherung für Ihren Hund abzuschließen, ist eine absolute Notwendigkeit. Diese schützt Sie vor Schäden, die Ihr Hund anrichten kann.

Kurz nachdem ich meinen ersten Jack Russell Terrier bekam, ging ich zu meinem Steuerberater. Mein Hund, erst drei oder vier Monate alt, fing an, genüsslich einige Papiere zu zerreißen, was nicht allzu schlimm war, da alles bereits im Computer gespeichert war.

Warten Sie nicht, bis es zu spät ist und Ihr Hund sich bereits schlechte Gewohnheiten zugelegt hat! Suchen Sie sich einen Welpenspielkurs aus, noch bevor Sie Ihren Parson oder Jackie nach Hause bringen, und melden Sie sich an. Schauen Sie sich die Gruppe vorher an. Bereits einige Tage nach der Übernahme des Welpen (nach etwa drei bis vier Tagen der Eingewöhnung, bei ausreichendem Impfschutz) sollten Sie ein erstes Treffen der Prägungsspieltage besuchen. Adressen in Ihrer Nähe erhalten Sie von den Klubs, Ihrem Tierarzt oder anderen Hundebesitzern.

Aber dann, ohne dass wir es bemerkten, machte er sich an das Stromkabel des Computers heran. Sämtliche Programme stürzten ab, die Kosten waren enorm, aber ich hatte glücklicherweise einige Wochen zuvor eine Hundehaftpflichtversicherung abgeschlossen, die anstandslos die gesamte Rechnung der Computerfirma bezahlte.

Seit Neuestem gibt es auch Krankenversicherungen für Hunde. Diese schützen vor hohen Tierarztkosten bei Unfällen und Krankheit, sind aber meistens noch sehr teuer. Informieren Sie sich bei Ihrem Tierarzt.

Haftpflichtversicherung hin oder her, Sie sind verantwortlich für Ihren Hund. In Österreich z. B. herrscht Maulkorb- oder Leinenpflicht in öffentlichen Gebieten. Bitte erkundigen Sie sich bei Ihrer Gemeinde nach den örtlichen Vorschriften. Ein anderes Gesetz, das beachtet werden muss, ist die Meldepflicht: Sie müssen Ihren Hund bei der zuständigen Gemeinde anmelden und jährlich Hundesteuer bezahlen. Jede Gemeinde hat verschiedene Bestimmungen, wann und in welchem Alter man den Hund anmelden muss.

Tipp Umweltgewöhnung

Schirmen Sie Ihren Hund nicht von der Umwelt ab, sondern machen Sie ihn behutsam mit ihr vertraut. Gehen Sie mit ihm in die Stadt, gewöhnen Sie ihn an den Straßenverkehr und fremde Menschen. Auch im Restaurant muss er sich benehmen können, ebenso im Bus, im Zug und in der Straßenbahn. Je früher ein Welpe mit verschiedenen Umweltreizen konfrontiert wird, desto besser kann er später damit umgehen.

Lernt ein Russell Terrier bereits als Welpe die unterschiedlichsten Hunde kennen, kommt er meist auch als erwachsener Hund gut mit ihnen zurecht.

Vom Welpen zum Hund

Vegetative Phase

1. und 2. Lebenswoche

- Sinne noch nicht fertig ausgebildet (ausgenommen Tast-, Geruchssinn)
- Haupttätigkeiten: trinken und schlafen
- Welpe ist hilflos und völlig von der Mutter abhängig
- Geringer Umwelteinfluss

Übergangsphase

3. Lebenswoche

- Augen und Ohren öffnen sich
- Welpen verlassen ihre Wurfkiste

Voraussetzungen

- Ruhe, Kontakt mit Hündin und Wurfgeschwistern

Prägungsphase

4. bis 7./8. Lebenswoche

- Entwicklung des Gehirns und der Sinne
- Welpe wird auf Hunde und auf Menschen geprägt (gute Züchter befassen sich mit dem Wurf)
- Schnelle physische und psychische Entwicklung
- Hoher Bedarf an Nahrung, Schlaf und Körperkontakt
- Der Welpe erkundet die Umwelt

Voraussetzungen

- Kontakt mit Hunden und Menschen
- Abwechslungsreiche Aufzuchtbedingungen beim Züchter

Sozialisierungsphase

8./9. bis 12. Lebenswoche

- Größte Lernfähigkeit
- Spielerisches Erlernen sozialer Verhaltensweisen (Körpersprache, Beißhemmung etc.)
- Umwelt wird intensiv erforscht
- Gewöhnung an optische und akustische Reize

Voraussetzungen

- Kontakt mit Hunden und Menschen
- Erste spielerische Erziehungsmaßnahmen
- Gewöhnung an optische und akustische Reize

Rangordnungsphase

13. bis 16. Lebenswoche

> Sozialisierung wird fortgesetzt
> Rangordnungen werden aufgebaut
> Welpe wird selbstständig
> Jagdinstinkt erwacht
> Entwicklung von „Unarten" möglich

Voraussetzungen

> Aktivitäten, die die Bindung stärken und den Hund fordern

Rudelordnungsphase

5. bis 6. Monat

> Stellung im Rudel (Familie) wird geklärt
> Zusammenarbeit im Rudel beginnt
> Hund ordnet sich seinem Menschen unter
> Besondere Lernwilligkeit

Pubertät

Bis zum 12. Monat

> Unsicheres Verhalten
> „Unartiges" Benehmen
> Zuvor Gelerntes scheint vergessen
> Eintritt der Geschlechtsreife

Voraussetzungen

> Konsequenz und viel Geduld

Gesunde Ernährung

Was Hunde fressen

Hunde sind nicht nur Fleischfresser. Sie lieben die Abwechslung in Form von Gemüse, Obst, Nudeln, Kartoffeln oder Reis. Auch Milchprodukte verfeinern den Speiseplan. Bereits der Welpe sollte eine abwechslungsreiche Ernährung kennenlernen, damit er sich frühzeitig an vielerlei gewöhnt.

Der Hund stammt vom Wolf ab und gehört zu den Carnivoren (Fleischfressern). Diese Bezeichnung stimmt nicht ganz, da das gesamte Beutetier, inklusive Mageninhalt, vom Wolf gefressen wird. Während längerer Hungerperioden, wenn Beute rar ist, fressen Wölfe auch pflanzliche Kost wie Wurzeln, Beeren und Blätter. Von diesen Gegebenheiten leiten sich die Notwendigkeiten der Grundernährung unseres Hundes ab. In den 15 000 bis 20 000 Jahren, die seit dem Anfang seiner Domestikation vergangen sind, hat sich im Stoffwechsel und in der Verdauung des Hundes wenig verändert. Was sich aber grundlegend verändert hat, ist, dass der Haushund sich überhaupt nicht mehr anstrengen muss, um sein Futter zu bekommen. Es wird ihm täglich serviert, er muss nicht jagen oder Hungerperioden erleiden. Das wiederum bedeutet, dass er sich nicht vorbeugend seinen Bauch vollschlagen muss.

Auf der Suche nach Fressbarem.

Frisches Obst, Gemüse und Fleisch ergänzen den Futterplan des Hundes.

Nährstoffbedarf
Es bestehen verschiedene Möglichkeiten, einen Terrier zu füttern. Unbestritten ist, dass der Nährstoffbedarf durch die hier genannten Bestandteile gedeckt werden muss.

> **Tipp | Futterumstellung**
>
> Möchten Sie eine Futterumstellung vornehmen, dann tun Sie dies nicht von einem Tag auf den anderen, sondern allmählich und schrittweise über einige Tage. Jeder abrupte Futterwechsel kann zu erheblichen Verdauungsstörungen führen.

Eiweiß (Protein)
Eiweiß dient zum Aufbau von Enzymen, Hormonen, Sekreten, Zellen und Geweben. Hunde im Wachstum sowie säugende Hündinnen haben einen höheren Eiweißbedarf.

Fette (Lipide)
Sie sind der energiereichste Nährstoff. Fett ist unter anderem auch für die Schmackhaftigkeit des Futters verantwortlich.

Kohlenhydrate
Dazu zählen Zucker, Stärke und Ballaststoffe. Kohlenhydrate sind meist pflanzlichen Ursprungs: Reis, Gerste, Hafer, Weizen und Mais. Sie werden auf den Inhaltsangaben von industriell gefertigtem Futter in der Regel als Rohfaser angegeben.

Mineralstoffe
Mineralstoffe, unter anderem Kalzium und Phosphor, sind unentbehrlich für den Knochenaufbau eines Welpen und notwendig für die lebenserhaltenden Prozesse beim erwachsenen Hund. Weitere dieser „Mengenelemente" sind Magnesium, Natrium, Kalium und Chlor.

Spurenelemente
Eisen, Zink, Kupfer, Jod, Selen, Mangan und Molybdän werden vom Hund nur in geringen Mengen benötigt.

Vitamine
Wichtig sind vor allem die A-, D- (verhindert Rachitis), E- und B-Vitamine. Vitamin-A-Mangel kann zu Schleimhautproblemen sowie Fruchtbarkeits-, Wachstums- oder auch Sehstörungen führen.

Fütterungspraxis

Wasser

Der wichtigste Bestandteil der Nahrung ist Wasser. Eine Schüssel mit frischem Wasser sollte daher immer und überall für Ihren Hund erreichbar sein.

Der normale Flüssigkeitsbedarf beträgt 40 bis 70 ml pro Kilogramm Körpergewicht am Tag. Er hängt von der Art des Futters, von der Temperatur und von der Aktivität des Hundes ab. Hunde, die mit Trockenfutter gefüttert werden, und säugende Hündinnen haben einen höheren Wasserbedarf.

Falls Ihr Hund übermäßig viel Wasser trinkt, kann das ein Zeichen von Krankheit (Diabetes) sein.

Fütterungspraxis

Zu Beginn seines Lebens ist die Muttermilch für den Welpen die einzige Nahrungsquelle. Ab der vierten Lebenswoche fängt der Züchter an, zusätzlich ein hochwertiges Welpenfutter zu füttern. Ab der sechsten Woche werden die Welpen meist abgesetzt und ganz auf Welpenfutter umgestellt. Übernehmen Sie Ihren Welpen ab der achten Woche, sollten Sie das Futter, das er gewöhnt ist und das Sie vom Züchter mitbekommen haben, erst einmal weiterfüttern. Ihr Welpe muss sich an so viel Neues gewöhnen, sodass eine Futterumstellung eher belastend wäre.

Stellen Sie die Ernährung Ihres Welpen nicht sofort um, sondern gewöhnen Sie ihn langsam an das, was Sie ihm füttern möchten.

Je aktiver ein Hund ist, desto mehr Protein und Fett braucht er.

Anzahl der Mahlzeiten

Ein Welpe von acht bis neun Wochen wird viermal am Tag gefüttert. Ab dem dritten Monat sind drei Fütterungen am Tag ausreichend. Ihr Hund wird Ihnen andeuten, wenn er zu oft oder zu viel gefüttert wird, indem er sein Futter stehen lässt. In diesem Fall können Sie eine Mahlzeit streichen.

Auf keinen Fall sollten Sie Futter herumstehen lassen. Wenn Ihr Welpe seine Schüssel in 10 bis 15 Minuten nicht geleert hat, nehmen Sie das Futter weg. Diese Regel gilt für jedes Hundealter, nicht nur für Welpen.

Ab einem Alter von sechs Monaten können Sie Ihren Terrier zweimal täglich füttern: früh und abends; ab zwölf Monaten bleibt es Ihnen überlassen, ob Sie Ihrem Hund eine Morgen- und eine Abendmahlzeit geben oder ob Sie nur einmal am Tag füttern. Die beste Fütterungszeit ist am späten Nachmittag oder frühen Abend. Danach sollte der Hund eine ungestörte Ruhepause genießen können.

Futtermenge

Russell Terrier sind kleine Hunde und brauchen nicht übermäßig viel Futter. Der Energiebedarf eines erwachsenen Hundes beträgt 300 bis 320 Kilojoule oder 75 Kilokalorien pro Kilogramm Körpergewicht täglich. Jagdhunde, Gebrauchshunde, säugende Hündinnen und auch Welpen haben einen höheren Energiebedarf. Auch kleine, kurzhaarige und sehr dünnhäutige Hunde benötigen etwas mehr.

Futterarten

Die Futtermittelindustrie investiert große Summen in die Forschung. Hochwertiges Fertigfutter, das im Handel angeboten wird, enthält alle Bestandteile, die für eine ausgewogene Ernährung Ihres Hundes notwendig sind.

Trocken- und Nassfutter

Es gibt Dosen- und Trockenfutter. Nassfutter besteht meistens zu über 80 % aus Feuchtigkeit. Das bedeutet, dass über 3/4 des Doseninhalts Wasser ist, für das Sie bezahlen. Der Rest des Inhalts ist auf der Dose angegeben. Trockenfutter gibt es als Mixer (Flocken) und als Komplettfutter. Sie können Dosenfutter mit Mixer füttern oder einem Komplettfutter (Vollnahrung) trotzdem etwas Fleisch und Gemüse beigeben. Achten Sie darauf, dass Proteine aus Fleisch, Fleischmehl oder Fisch, aber nicht aus tierischen Nebenerzeugnissen stammen, da diese von minder-

Futterarten

wertiger Qualität sind. Verwenden Sie Trockenfutter, dann sollten Sie es in warmem Wasser einweichen, da es zu einem erhöhten Wasserbedarf führt.

Info	Wie oft füttern?
Alter	Mahlzeiten
8. bis 9. Woche	4 pro Tag
bis 6 Monate	3 pro Tag
bis 12 Monate	2 pro Tag
ab 1 Jahr	1 bis 2 pro Tag

Vorteile von Fertigfutter
Die Vorteile eines hochwertigen industriellen Futters liegen auf der Hand: Es ist arbeitssparend und bequem, sowohl zu Hause als auch auf Reisen. Es enthält alles, was Ihr Hund für eine ausgewogene Ernährung braucht. Die Akzeptanz ist gut, und man muss sich nicht dauernd den Kopf zerbrechen, was man dem Hund kochen soll.

Inhaltsangaben
Es ist sicher nicht leicht, sich bei den am Markt angebotenen Sorten von Hundefutter auszukennen. Auf jedem handelsüblichen Futter, ob Dose oder Trockenfutter, befindet sich eine Inhaltsangabe, die meistens mit dem Protein- und Fettgehalt beginnt. Nach seinem größten Wachstumsschub (beim Parson und Jack Russell Terrier bis zum Alter von sechs bis sieben Monaten), braucht Ihr Hund nicht mehr als 27 % Eiweiß (Protein).

Lernen Sie die Inhaltsstoffe auf der Verpackung richtig zu lesen. Wenn Mais an erster Stelle steht, bedeutet das, dass der Hauptbestandteil des Futters eben Mais und nicht Fleisch ist.

Ergänzungsfutter
Geben Sie Ihrem Hund kein Ergänzungsfutter. Zu viel des Guten kann zu Wachstumsstörungen und schweren Missbildungen führen.

Rohfütterung

Viele Hundehalter bevorzugen eine Fütterungsart, die sich BARF „Bones And Raw Foods" (Knochen und rohes Futter) nennt. Im Deutschen wurde BARF als „Biologisches Artgerechtes Rohes Futter" übersetzt. Das Futter besteht aus rohem Fleisch und rohen Knochen, gemixtem Gemüse, Reis oder Getreide sowie Beeren, Äpfel, Bananen und anderes Obst.

Rat vom Tierarzt

Fragen Sie Ihren Tierarzt, was er Ihnen für Ihren Hund als Futter empfehlen würde. Die meisten Hunde, die in Tierarztpraxen als Patienten anzutreffen sind, sind leider aus falsch verstandener Tierliebe zu dick geworden. Das ist ein Zustand, den Sie bei Ihrem Parson oder Jack Russell Russell vermeiden sollten. Sie allein sind verantwortlich für die Kondition Ihres Hundes – er kann sich sein Futter nicht selbst aussuchen. Als verantwortungsvoller Besitzer sollten Sie sich Ratschläge über die Fütterung bei Ihrem Tierarzt und beim Züchter erfragen, die Inhaltsangaben auf den diversen Futtersorten lesen und sich dann entscheiden, was Sie Ihrem Hund füttern.

Selbstgekochtes

Falls Sie es vorziehen, Ihrem Hund Selbstgekochtes zu füttern, wird oft geraten, das Fleisch kurz abzukochen, um Viren, Bakterien und Bandwurmfinnen abzutöten. In unseren Ländern sind die Nahrungsmittelgesetze so streng, dass ich persönlich meine, dass diese Gefahr nicht oder nur in sehr geringem Maß vorhanden ist. Von der Fütterung von Schweinefleisch wird wegen der Aujeszky'schen Krankheit

Hunde dürfen nur rohe Knochen fressen. Gekochte Knochen können splittern und den Darm verletzen.

Milchprodukte wie Yoghurt, Quark und Hüttenkäse werden gern gefressen.

(Pseudotollwut) abgeraten. Diese Krankheit ist zwar laut Veterinärmedizinischer Universitätsklinik Wien in den letzten dreißig Jahren nicht mehr aufgetreten, trotzdem sollte man die Verfütterung von rohem Schweinefleisch unterlassen (kein roher Schinken!).

Tipp | Gesundheit von innen

Auch beim Hund gilt die Devise: Er ist, was er isst. Das Aussehen Ihres Hundes ist der beste Beweis, ob Ihr Hund richtig ernährt wird: Ist er schlank, lebhaft, mit glänzendem Fell, ist alles in Ordnung. Beobachten Sie Ihren Hund, wie er sich entwickelt, und ändern Sie das Futter und die Futtermenge je nach Kondition, Gewicht, Alter und Aktivität. Ein Fastentag pro Woche ist auf jeden Fall vorteilhaft.

Zusammenstellung
Fleisch sollte ungefähr zwei Drittel der gesamten Futtermenge ausmachen; den Rest können Sie mit Gemüse und Ballaststoffen wie z. B. gekochtem Reis, Nudeln, Haferflocken oder auch anderen Kohlenhydraten ergänzen. Karotten (auch roh) und anderes Gemüse sowie Obst dienen der Vitaminzufuhr. Eier und Quark werden ebenfalls gern gefressen. Auch hochwertige Öle wie Distelöl können dem Futter beigemischt werden. Sie können jede Art von Fleisch als Eiweißquelle nehmen. Lunge, Euter, Kutteln und Schlund sind nährstoffärmer als Muskelfleisch und dienen auch zur Ernährung von übergewichtigen Hunden.

Bei frischem, selbst gekochtem Futter kann man nur schwer die Ausgewogenheit eines industriell hergestellten Futters erreichen. Nur weil Sie Ihrem Hund teures Fleisch kaufen, bedeutet das nicht, dass er damit alle Nährstoffe bekommt, die er benötigt. Es bedarf einiges Wissens, das Frischfutter so zusammenzustellen, dass es in seiner Nahrhaftigkeit einem industriell hergestellten Futter gleichkommt und die Bedürfnisse des Hundes für die oben genannten Nährstoffe befriedigt.

Ich selbst füttere hochwertiges Fertigfutter (ohne Mais oder Soja), ergänzt mit rohem Fleisch wie ungeputzten Pansen, rohem Kopffleisch und im Mixer zerkleinertem Gemüse wie Broccoli, Zucchini und Karotten. Nach dem Abendspaziergang bekommen meine Hunde rohe Hühnerflügel.

Viele Hunde vergraben ihre Knochen im Garten.

Ungeeignete Nahrungsmittel
Hunde sind keine Resteverwerter unseres Mittagessens, besonders wenn dieses stark gewürzt ist. Im Übermaß genossen, könnte es zu Nierenschäden führen. Reine Milch verursacht Durchfall. Vorsichtshalber sollte man keine gekochten Knochen füttern. Diese können zu schweren, lebensbedrohenden Verstopfungen oder zu Verletzungen durch Splitterung führen. Auch Schokolade kann für Hunde lebensgefährlich sein (siehe S. 31).

Kauknochen
„Fressbare" Kauartikel gibt es im Zoofachhandel in Hülle und Fülle. Sie können verhindern, dass Ihr Hund Spielsachen zerkaut und womöglich Teile davon verschluckt. Falls Sie solche Kaustangen, Kauknochen und andere Häppchen anbieten, vergessen Sie nicht, dass sie ebenfalls in die tägliche Futterration des Hundes eingerechnet werden müssen. Gut sind Kuhhufe, Büffelhautknochen und rohe Rinderknochen, die auch die Zähne reinigen.

Übergewicht

Ein Russell Terrier sollte immer fit und schlank sein. Wenn Ihr Hund kurzhaarig ist, sollten Sie die Wölbung seines Brustkastens deutlich sehen, bei rauhaarigen Hunden die Rippen leicht tasten können. Er sollte eine Taille und keine dicken Flanken haben.

Übergewicht führt beim Hund wie beim Menschen zur Verkürzung der Lebenserwartung, zu Herz-, Kreislauf- und Atembeschwerden, eventuell zu Leber- und Nierenschäden. Sie tun Ihrem Hund nichts Gutes, wenn Sie ihm andauernd und grundlos kleine Leckerbissen geben. Füttern Sie Ihrem Hund Leckerbissen nur als Belohnung bei der Erziehung.

Ein Fastentag pro Woche ist eine ausgezeichnete Methode, die schlanke Linie Ihres Hundes zu erhalten. Geben Sie ihm an diesem Tag nur einen trockenen Hundekuchen. Um in guter Kondition zu sein, darf Ihr Hund nicht mehr Kalorien täglich zu sich nehmen als er für seine Leistung benötigt.

Lightfutter
Bei Übergewicht sollten Sie Ihren Terrier mehr und öfter bewegen, aber weniger füttern. Falls Sie Fertigfutter verwenden, können Sie ein Lightfutter nehmen, bis das Normalgewicht Ihres Hundes erreicht ist. Dieses Futter ist auch für ältere Hunde geeignet.

Betteln

Hunde sind Gewohnheitstiere, und es ist ratsam, den Hund immer am selben Platz zu füttern. Vergessen Sie nicht: Ihr Hund hat seinen Futterplatz, und Sie haben Ihren. Erlauben Sie dem Hund nicht, bei Tisch zu betteln. In dem Moment, wo Sie ihm etwas geben, haben Sie dieses Verhalten belohnt, und er wird es immer wieder versuchen. Betteln bei Tisch ist nicht nur eine Unart; Hunde mit Tischabfällen zu füttern kann auch zu körperlichen Schäden führen. Tischabfälle sind meistens voll von Salz, Zucker und Gewürzen und für Hunde schädlich. Abgesehen davon ist Betteln bei Tisch ein unangenehmes Benehmen.

Verdauungsstörungen

Wenn Ihr Terrier Magen- oder Verdauungsbeschwerden haben sollte, konsultieren Sie am besten einen Tierarzt. Kontrollieren Sie täglich den Stuhlgang Ihres Hundes: Er sollte fest und nicht schleimig sein. Bei Abweichungen oder Durchfall, der länger als einen Tag dauert, ist ein Besuch beim Tierarzt ratsam.

Jeder, der noch nie einen Hund gehalten hat, wird von der Tatsache abgestoßen sein, dass ein Hund die Exkremente von anderen Tieren und auch

> **Tipp | Fütterungshinweise**
> - Hochwertiges Fertigfutter oder selbst zubereitetes Frischfutter verwenden.
> - Fütterungszeiten einhalten.
> - Nach dem Fressen eine Ruhepause einlegen.
> - Immer frisches Trinkwasser zur Verfügung stellen.
> - Futter- und Wassernäpfe täglich gründlich reinigen.
> - Belohnungshäppchen und Kauartikel in die tägliche Futtermenge mit einrechnen.
> - Futterzusätze sind bei Vollnahrung (Komplettfutter) unnötig und sollten daher nur nach Absprache mit dem Tierarzt gegeben werden.

Menschen frisst und sich genüsslich darin wälzt (übrigens auch in anderen übel riechenden Dingen wie toten Fischen oder anderen Kadavern). Das ist leider ein ganz normales Hundeverhalten, und es ist schwierig, dies zu unterbinden.

Viel Bewegung hält Hund und Mensch gesund.

Gepflegt von Kopf bis Pfote

Der Russell Terrier ist ein sehr pflegeleichter Hund. Er muss weder gekämmt noch geschoren oder gar gebadet werden. Falls er sich in etwas gewälzt hat, genügt es, ihn mit warmem Wasser abzuduschen. Es ist erstaunlich, wie schnell ein Russell Terrier, der nass und schmutzig von einem Spaziergang nach Hause kommt, wieder trocken und weiß ist.

Fellpflege

Das Haarkleid eines Russell Terriers besteht aus Unterwolle und Deckhaar. Alle drei Haarvarietäten – glatt, broken coated und rau – haben diese Haarstruktur. Die glatthaarigen Terrier haaren mehr als die anderen zwei Varietäten, da die kurzen Haare schneller ausgewachsen sind, aber alle drei haaren ununterbrochen, im Frühjahr und im Herbst stärker. Die kurzen Haare eines Parsons oder Jackies stecken fest in Pullovern, Polstermöbeln, auf Autositzen und in Teppichen. Das ist unvermeidlich, wenn Sie einen Terrier im Haus haben! Sie werden wahrscheinlich etwas mehr Zeit für die Pflege Ihrer Möbel und Teppiche aufwenden müssen als für die Pflege Ihres Hundes.

Nach dem Baden noch ein wildes Spiel und der Jackie ist bald wieder trocken und sauber.

Bürsten einmal pro Woche
Sie sollten Ihren Parson oder Jackie mindestens einmal pro Woche gründlich bürsten. Verwenden Sie aber keine Drahtbürsten, die die Haut kratzen können. Einmal daran gewöhnt, wird Ihr Hund die Fellpflege genießen und als Streicheleinheit betrachten.

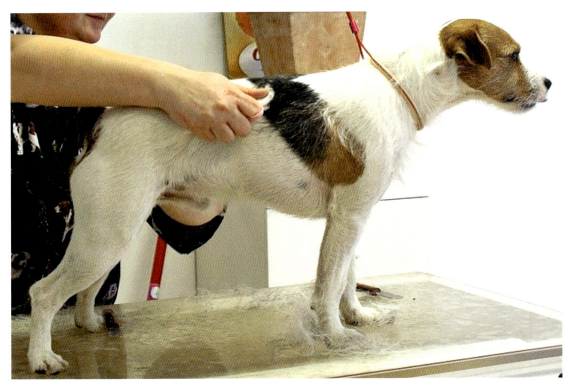

Das tote Haar kann ganz leicht mit den Fingern in Wuchsrichtung herausgezogen werden.

Glatthaar

Die Pflege eines glatthaarigen Russells ist am einfachsten: Er braucht nur gebürstet zu werden. Bei dieser Gelegenheit können Sie Zähne, Augen, Nägel und Ohren kontrollieren. Die Ohren sollten sauber sein und nicht unangenehm riechen.

Da die glatthaarige Varietät mehr haart, ist es ratsam, im Frühjahr und im Herbst mehr als einmal pro Woche zu bürsten.

Kurze Haare sind schneller ausgewachsen als längere. Für das Bürsten der Glatthaar-Russells bietet sich am besten eine Guminoppenbürste an. Obwohl Russells, ob glatt, broken oder rau, das ganze Jahr haaren, verlieren sie die meisten Haare im Frühjahr und im Herbst.

Rauhaar und Broken coated

Rauhaarige und broken coated Russell Terrier benötigen etwas mehr Pflege. Besonders die Rauhaarigen sehen aus wie eine Flaschenbürste, wenn sie ihrem natürlichen Haarwuchs überlassen sind. Fangen Sie, wie beim Glatthaar, mit dem Bürsten an. Sehen Sie sich den Hund an, um zu beurteilen, ob seine Erscheinung und die Umrisse des Körpers durch den Haarwuchs beeinträchtigt sind. Das Trimmen der abgestorbenen Deckhaare begünstigt den Nachwuchs eines dichten Fells.

Falls das Haar sehr lang ist, muss man oft ein geeignetes Trimmesser verwenden. Die überschüssigen Haare kann man danache mit der Hand entfernen. Ein Russell sollte niemals geschoren werden.

Fellpflege

Falls Sie es sich nicht selbst zutrauen, Ihren Russell Terrier zu trimmen, können Sie auch professionelle Hilfe in Anspruch nehmen.

Richtig Trimmen

Gepflegtes Äußeres

Der Pflegetisch

Am einfachsten ist es, wenn Sie Ihren Hund auf einen Tisch stellen können, der hoch genug ist, sodass Sie bequem arbeiten können.

Pflegeutensilien

- Gumminoppen-Handschuh oder Bürste
- Trimmesser
- kleine Schere mit stumpfen Enden
- Effilierschere
- Krallenschere
- Flohkamm
- Hundezahnbürste und Hundezahnpasta

Glatthaar

Mit Hand oder Schere

Manche Russell Terrier kann man ohne Probleme mit der Hand trimmen, indem man die Haare mit Daumen und Zeigefinger einfach in der Haarwuchsrichtung herauszieht. Bei manchen Hunden sitzt das Haar etwas fester, hier kann man ein Trimmesser benutzen.

Rauhaar

Nacken und Rücken

Man fängt am Nacken des Hundes an und arbeitet sich von vorn nach hinten über den Rücken voran. Nehmen Sie ein Trimmmesser und entfernen Sie vorsichtig das Deckhaar.

Rute und Pfoten

Auch die Unterseite der Rute muss getrimmt werden. Zum Kürzen der Haare zwischen den Pfoten nimmt man die gerundete Schere. Entfernen Sie alle überstehenden Haare an den Ballen und um die Pfoten, sodass sie eine runde Form bekommen.

Bart

Auch die überstehenden Haare im Gesicht werden mit einer Effilierschere gekürzt.

Die äußere Linie

Nach getaner Arbeit sollte der Hund ordentlich und nicht struppig aussehen, seine äußere Linie sollte klar sichtbar sein. Nach einigen Tagen können Sie die noch übrigen langen abstehenden Haare mit der Hand herausziehen. Diese Prozedur sollten Sie mindestens zweimal im Jahr wiederholen, um das Aussehen Ihres Hundes und die Haarstruktur zu verbessern. Der Russell Terrier sollte aber immer natürlich und niemals „frisiert" aussehen.

Gepflegt von Kopf bis Pfote

Hunde, die wenig auf hartem Untergrund laufen, haben oft zu lange Krallen.

Krallenpflege

Läuft Ihr Hund hauptsächlich auf weichem Boden, dann ist es möglich, dass er seine Krallen nicht genügend abnützt. In diesem Fall müssen sie geschnitten werden. Sind die Nägel zu lang, kann es vorkommen, dass der Hund nicht richtig steht oder läuft. Beim Krallenschneiden muss man vorsichtig sein, dass man nicht zu tief schneidet. Ist die Kralle weiß, sieht man die Blutgefäße deutlich. Ist sie schwarz, muss man sich an der Länge der hellen Krallen orientieren. Krallenscheren können Sie im Zoofachhandel erwerben, es gibt verschiedene Modelle. Falls Sie unsicher sind, lassen Sie es sich vom Züchter oder Tierarzt zeigen.

Kontrolle der Ballen

Kontrollieren Sie auch die Ballen, besonders im Sommer, wenn Grasmilben Entzündungen und Schwellungen zwischen den Ballen verursachen können. Im Winter haben die Hunde oft gerötete Ballen durch Streusalz. Hier ist es ratsam, die Pfoten mit Hirschtalg zu schützen. Falls Ihr Hund scheinbar grundlos immer dieselbe Pfote leckt, ist ein Besuch beim Tierarzt zu empfehlen. Die Ursache könnte ein Glassplitter sein, der entfernt werden muss.

Augenpflege

Obwohl der Hund seine Umwelt hauptsächlich durch seinen Geruchssinn wahrnimmt und das Sehen dadurch einen anderen Stellenwert hat als beim Menschen, ist das Auge dennoch ein äußerst wichtiges Sinnesorgan.

Augenerkrankungen beim Hund sind leicht erkennbar, da die Symptome wie Tränenfluss, Sekret, Eiter oder Rötungen sofort auffallen. Behandeln Sie die Symptome nicht selbst, sondern gehen Sie sofort zu Ihrem Tierarzt. Sekret, das sich am Morgen in den Augenwinkeln befindet, wird mit einem feuchten Papiertaschentuch entfernt.

Ohrenpflege

Bei den Ohren der Russell Terrier handelt es sich um Knopfohren, wobei die Falte das innere Ohr bei der Arbeit im Fuchsbau vor Schmutz und Erde schützen soll. Schüttelt Ihr Hund seinen Kopf andauernd oder kratzt häufig seine Ohren mit der Hinterpfote, sollten Sie den Tierarzt konsultieren. Die Ur-sache könnten Bakterien, Milben oder Pilze sein. Die Ohren sollten sauber sein und nicht übel riechen. Sie können das äußere Ohr wöchentlich mit einem weichen Tuch oder Watte-Pad reinigen, aber dringen Sie nicht zu tief ins Ohr ein.

Gebisspflege

Kein Russell Terrier lässt sich gern ins Maul schauen, deshalb sollte er schon von klein an daran gewöhnt werden. Die Zahnpflege ist für die Gesundheit Ihres Hundes besonders wichtig. Zahnstein bildet sich schnell, besonders bei der heutigen, meist weichen Fütterung. Starke Zahnsteinbildung führt zu Entzündungen des Zahnfleisches und im schlimmsten Fall zu Zahnausfall. Im Zahnstein befinden sich Bakterien, die nicht nur Karies verursachen, sondern auch in den Blutkreislauf eindringen und Herz, Nieren und Leber schädigen können.

> **Info** | **Pflege-Checkliste**
>
> Täglich kontrollieren
> › Augen
> › Kot
>
> Wöchentlich kontrollieren
> › Ohren
> › Pfoten
> › Zähne
>
> Monatlich kontrollieren
> › Haarkleid
> › Krallen
> › Analdrüsen
>
> Gesundheitsvorsorge
> › Zweimal jährlich entwurmen, bei Flohbefall öfter
> › Jährlich Impfungen auffrischen lassen oder Immunitätstiter machen
> › Check beim Tierarzt

Manche Hunde neigen etwas mehr zu Zahnsteinbildung als andere; alte Hunde sind besonders anfällig. Ihr Tierarzt kann den Zahnstein unter Narkose mit einem Ultraschallgerät entfernen. Um diesem Zustand vorzubeugen, ist eine wöchentliche Zahnpflege schon beim jungen Hund ab dem Zahnwechsel ratsam. Der Zoofachhandel bietet dafür Fingerlinge, Hundezahnbürsten und Zahnpasten an. Ihr Tierarzt sollte einmal im Jahr die Zähne Ihres Hundes kontrollieren.

Rohe Knochen halten Zähne und Zahnfleisch gesund.

Analdrüsen

Rechts und links, etwas unterhalb des Afters, befinden sich Duftdrüsen. Diese Analbeutel entleeren sich normalerweise durch den Stuhlgang. Es kommt aber vor, dass die Drüsen verstopft sind, was dem Hund nicht nur unangenehm ist, sondern auch zu Entzündungen und Abszessen führen kann. Bei Verstopfung versucht der Hund die Drüsen zu entleeren, indem er mit dem Hinterteil auf dem Boden rutscht (Schlittenfahren) oder sich leckt und im Kreis dreht. Ihr Tierarzt kann ihm Erleichterung verschaffen, indem er die Analbeutel auspresst. Diese sollten regelmäßig kontrolliert werden.

Rundum gesund

Der Russell Terrier ist ein sehr robuster, langlebiger Hund. Immer gut gelaunt und interessiert an seiner Umwelt begleitet er seine Familie. Ein wahres Energiebündel, mit Schalk im Nacken. Im Vergleich zu vielen anderen Rassen hat er weniger vererbbare Krankheiten und rassespezifische Probleme.

Vorbeugen ist besser als heilen

Die richtigen Impfungen, regelmäßige Besuche beim Tierarzt, gesunde und ausgewogene Ernährung und vor allem viel Bewegung werden Ihren Russell Terrier physisch und psychisch gesund erhalten.

Beobachten Sie Ihren Hund genau. Jede Abweichung von seinem normalen Verhalten muss registriert werden – sie kann ein Krankheitssymptom sein. Ihr Tierarzt wird Ihnen dankbar sein, wenn Sie genaue Angaben machen können und ihm eine Diagnose dadurch erleichtern.

Auf ins neue Zuhause. Doch vorher sollte noch ein Check beim Tierarzt anstehen.

Sie haben vom Züchter einen Impfpass und eine Fütterungsanleitung bekommen, und Sie wissen, wann und wie oft Ihr Hund entwurmt wurde. Gehen Sie so bald wie möglich mit dem Welpen zum Tierarzt, lassen Sie ihn untersuchen, und vergewissern Sie sich, wie es mit der Grundimmunisierung weitergehen wird. Auch das wird Ihnen der Züchter aufgeschrieben haben, aber das Impfschema ist bei den verschiedenen Tierärzten nicht immer gleich.

Welpen sowie Hündin sollten ab der zweiten Woche nach der Geburt jede zweite Woche, bis zur Abgabe, entwurmt werden.

Impfungen

Impfungen werden vorgenommen, um gegen Viruserkrankungen, die tödlich verlaufen können, vorzubeugen. Es werden Erreger in abgeschwächter oder abgetöteter Form injiziert, sodass der Hund eigene Abwehrkräfte (Antikörper) entwickeln kann. Der Aufbau dieser Widerstandsfähigkeit dauert meistens einige Wochen und belastet den gesamten Organismus des Hundes. Manchmal kommt es sogar zu unerwünschten Reaktionen. Deshalb sollte nur ein gesunder Hund, der frei von Würmern und Parasiten ist, geimpft werden.

Immunitätslücke bei Welpen

Die Kolostralmilch, die der Welpe von seiner Mutter während der ersten Tage nach der Geburt bekommt, enthält alle Antikörper gegen Krankheiten, gegen die die Hündin geimpft wurde. Dieser Schutz ist meistens sieben bis acht Wochen lang wirksam und abhängig von dem Antikörpertiter der Mutterhündin. Zwischen dem Abflauen des Kolostralmilchschutzes und der Wirksamkeit der Impfung entsteht eine Immunitätslücke, in der der Welpe nicht vor Infektionen geschützt ist. In dieser Zeit sollten unbedingt konsequente hygienische Maßnahmen getroffen werden. Ziehen Sie sich die Straßenschuhe aus und waschen Sie sich die Hände, bevor Sie einen Welpen berühren.

Anzumerken ist, dass eine zu frühe Impfung sinnlos ist, da sie den Schutz durch die Kolostralmilch neutralisiert und daher unwirksam ist. Die Wirkung des Kolostralmilchschutzes ist aber sehr individuell, und eine absolute Dauer kann laut der Universitätsklinik für Geburtshilfe, Gynäkologie und Andrologie der Veterinärmedizinischen Universität Wien nicht ohne eine serologische Untersuchung angegeben werden.

Erstimpfung der Welpen

Parvovirose
In der Regel wird der Welpe ab zirka der 7. oder 8. Woche seine erste Impfung gegen Parvovirose erhalten. Diese Krankheit ist eine Virusinfektion und

kann für Welpen tödlich verlaufen. Die Infektion erfolgt durch den Mund, und die Erreger werden auf den Pfoten, den Haaren, Schuhen usw. eingeschleppt. Die Krankheit beginnt mit Appetitlosigkeit, Erbrechen, Fieber und führt zu blutigem Durchfall. Sie befällt nicht nur den Darm, sondern auch den Herzmuskel.

Staupe
Sie war früher die bekannteste und gefährlichste Hundeseuche, ist aber heutzutage dank der Impfungen eher selten geworden. Diese Krankheit wird durch direkten Kontakt und durch Zwischenträger verbreitet. Als Symptome treten Fieber sowie Nasen- und Augenentzündungen auf. Es kann u. a. zu Durchfall, Bronchitis oder einer Lungenentzündung kommen.

Hepatitis (HCC)
Hier handelt es sich um eine ansteckende Leberentzündung, die durch Kontakt mit infizierten Hunden, deren Urin, Exkremente oder Speichel übertragen wird. Die Symptome sind oft ähnlich der Staupe, wobei zusätzlich eine Leberschwellung eintritt.

Leptospirose
Leptospirose, auch Stuttgarter Staupe genannt, ist nicht nur für Hunde, sondern auch für Menschen ansteckend. Die Infektion wird durch Ratten und den Urin von erkrankten Tieren übertragen und führt zu Fieber, Durchfall und Geschwüren im Mundbereich. Sie kann auch Leber- und Nierenschäden verursachen. Glücklicherweise tritt diese Krankheit heutzutage nur sehr selten auf.

Bevor ein Welpe viel Außenweltkontakt hat, sollte seine Grundimmunisierung erfolgt sein.

Bei Reisen ins südliche Ausland, sollten Sie Ihren Tierarzt wegen notwendiger Prophylaxe konsultieren.

Wiederholungsimpfungen

Die zweite Welpenimpfung wird zwei Wochen nach der ersten verabreicht und ist in der Regel eine Dreifachimpfung, die vor Staupe, Hepatitis und Leptospirose schützt.

In der vierten Woche wird die zweite Parvovirose-Impfung gegeben und zwei Wochen danach wieder eine Staupe-, Hepatitis- und Leptospirose-Impfung.

Regelmäßige Impfungen

Ob eine dritte Parvovirose-Impfung notwendig ist, hängt von dem Gebiet ab, in dem Ihr Hund sich befindet, und wird von Ihrem Tierarzt entschieden.

> **Info Impfausweis**
>
> Als Dokument für die genannten Immunisierungen gilt der EU-Impfpass. Dieser sollte unbedingt auf allen Reisen mit im Handgepäck sein.

Sie ist aber keinesfalls überflüssig. Eine jährliche Auffrischung dieser Impfungen ist meistens aber nicht unbedingt erforderlich. Mit einer Titerbestimmung kann man die Immunität gegen die verschiedenen Krankheiten feststellen. Falls Sie Ihren Hund in eine Tierpension geben, ist auch eine Impfung gegen Zwingerhusten ratsam, schützt aber nicht immer, da es viele Stämme dieser Krankheit gibt. Hunde, die oft auf Ausstellungen, Hundewiesen oder zu anderen Hundeansammlungen gehen, sollten diese Impfung zweimal im Jahr bekommen.

Tollwut

Die Tollwutimpfung ist beim Grenzübertritt sogar in der EU gesetzlich vorgeschrieben und erfolgt meistens zwischen dem dritten und sechsten Lebensmonat. Sie muss unbedingt jedes zweite Jahr wiederholt werden. Es ist möglich, dass, bedingt durch die neuen Impfstoffe, dieser Zeitraum in Zukunft wieder verlängert wird.

Tollwut ist eine Viruserkrankung, die durch die Nervenbahnen zum Hirn wandert und immer tödlich verläuft. Die Viren werden durch den Speichel eines infizierten Tieres übertragen. Füchse und Fledermäuse sowie die meisten warmblütigen Tiere können Träger dieser Viren sein. Der Speichel wird durch einen Biss oder eine Verletzung vom Körper aufgenommen, und bis zum Ausbruch der Krankheit kann es Wochen oder sogar Monate dauern.

Krankheitsanzeichen

Erstes Anzeichen einer Ansteckung ist meistens eine Kieferlähmung. Danach folgt eine allgemeine Lähmung und der Tod. Ungeimpfte Hunde, die mit einem an Tollwut erkrankten Tier in Berührung kommen, werden getötet. Die Gesetze für diesbezügliche Maßnahmen sind drakonisch! Eine Tollwutimpfung wird nur für zwei Kalenderjahre anerkannt, also ist eine pünktliche Nachimpfung für den Hund lebenswichtig.

Verbreitung

In Europa ist die Tollwut durch das Ausbringen von Ködern mit Impfstoffen, die hauptsächlich von Füchsen aufgenommen werden, glücklicherweise sehr selten geworden. Dennoch ist die Krankheit noch immer vorhanden, und ab und zu gibt es Gegenden, in denen sie auftritt. Nur Großbritannien, wo besondere Einreisegesetze herrschen, und Australien sind tollwutfrei. Großbritannien hat die Quarantäne durch die Kontrolle einreisender Hunde und Katzen mittels Titerbestimmung und Mikrochip-Identifikation ersetzt. Für die Einreise benötigt man den relativ neuen EU-Impfpass, der vom Tierarzt ausgestellt sein muss.

> **Info Impfkalender**
>
> | Alter | Impfungen gegen |
> |---|---|
> | 6 bis 8 Wochen | Parvovirose |
> | 8 bis 10 Wochen | Staupe, HCC, Leptospirose |
> | 10 bis 12 Wochen | Parvovirose |
> | 12 bis 14 Wochen | Parvovirose – 3. Impfung, ratsam Staupe, HCC, Leptospirose, Tollwut (danach jedes zweite Jahr) |
> | jährliche Wiederholung oder Titerbestimmung, Tollwut laut Herstellerangabe | Leptospirose, Parvovirose, Tollwut, Staupe, HCC |

Zecken, Flöhe & Co.

Haut- und Darmparasiten (Ektoparasiten und Endoparasiten) sind eine ständige Gefahr für Ihren Hund.

Zecken (Ixodes ricinus)

Sie gehören zu den häufigsten Hautparasiten, befinden sich auf Büschen oder im Gras und befallen den Hund beim Spaziergang. Sie beißen sich mit ihren Mundwerkzeugen in der Haut des Hundes fest und füllen sich allmählich mit seinem Blut. Wenn die Zecke schon ganz vollgesaugt ist, lässt sie sich leicht entfernen. Vorher muss man sie mit einer Zeckenzange vorsichtig herausdrehen oder -ziehen.

Überträger von Krankheiten
Zecken können Borreliose übertragen. Diese bakterielle Infektion befällt auch Menschen und fängt mit Hautrötungen und Entzündungen an; später kann es zu Nervenentzündungen oder auch zu Lähmungen kommen. Borreliose kann mit Antibiotika behandelt werden; seit Neuestem gibt es auch Impfungen gegen diese Infektion, aber auch diese sind nicht immer verlässlich.

Die Frühsommer-Meningoenzephalitis (FSME), eine Hirnhautentzündung, ist auch schon bei Hunden nach einem Zeckenbiss aufgetreten. Etwa ein Viertel aller Hunde ist gegen diese Krankheit immun. Es gibt für den Hund noch keine Schutzimpfung gegen diese Infektion, obwohl daran geforscht wird, und man kann gegenwärtig nur die Symptome (Fieber, usw.) behandeln.

> **Tipp | Zeckenentfernung**
> Achten Sie darauf, die Zecke mitsamt ihrem Kopf zu entfernen, da es sonst leicht zu Entzündungen kommen kann.

Flöhe

Sie treten unter den Hautparasiten am häufigsten auf und sind nicht nur lästig, sondern können Ursache und Überträger anderer Krankheiten sein. Wenn sich Ihr Terrier andauernd kratzt, besonders am Rücken und an der Hinterhand, und sich mit seinen Schneidezähnen dort beißt, greifen Sie zum Flohkamm. Falls Sie auf diesem Kamm schwarze Körnchen finden, handelt es

Zecken und Flöhe gehören zu den Ektoparasiten, die beim Hund am häufigsten anzutreffen sind. Zu drastische Vorbeugemaßnahmen können aber genauso schädlich sein, wie die mangelnde Sorgfalt bei der Pflege Ihres Hundes.

Im hohen Gras lauern die Zecken.

sich um Flohkot; springt ein längliches Körnchen plötzlich weg, war dies ein Floh. Flöhe können zu einer Flohallergie führen, wodurch der Hund sich andauernd juckt und kratzt und seine Haare verliert. Flöhe sind auch Zwischenwirte für den Gurkenkern- und andere Bandwurmarten. Die Bandwurmfinnen entwickeln sich im Floh, und wenn der Hund den infizierten Floh frisst, reifen die Finnen in seinem Darm zu Würmern. Besonders gefährlich für den Menschen ist auch der kleine Fuchsbandwurm.

Flohbekämpfung
Flöhe befinden sich nicht nur auf dem Hund, sondern auch auf Möbeln, in Teppichen, in Matratzen und im Hundekorb. Ein weiblicher Floh kann Tausende Eier legen, diese können monatelang überleben, und dann schlüpfen die Larven. Die beste Flohabwehr ist daher der Staubsauger. Reinigen Sie alles gründlich und werfen Sie den Staubsaugerbeutel sofort weg!

Es gibt Präparate, die man auf die Haut des Hundes aufträgt und die so in seine Blutbahn gelangen. Sie sind etwa einen Monat lang wirksam, indem sie die Flöhe töten, die am Hund saugen. Für eine wirksame Flohbekämpfung ist aber auch die Vernichtung der Larven in der Wohnung wichtig. Dabei sind neben dem Staubsauger auch wirksame Präparate aus dem Zoofachhandel nützlich. Unterschätzen Sie die Gefahr eines Flohbefalls nicht, sondern konsultieren Sie Ihren Tierarzt. Die Pharmaindustrie entwickelt laufend neue Präparate, da Flöhe gegen einige Wirkstoffe bereits immun sind.

Milben
Verschiedene Räudearten werden von Milben verursacht, die der Hund fast überall bei Spaziergängen aufnehmen kann. Die Räude (Sarcoptes) äußert sich durch starken Juckreiz und Haarausfall, zuerst an den Ohren, auf dem Nasenrücken und im Augenbereich, dann am Bauch und den Schenkeln. Diese Krankheit wird durch Körperkontakt übertragen und ist für den Menschen ansteckend (Zoonose).

Die Demodex-Milbe befällt hauptsächlich junge und schwache Hunde ohne ausreichendes Abwehrsystem. Es besteht Juckreiz und Haarausfall, und es kann der ganze Körper betroffen sein. Sekundärinfektionen können folgen, die bis zum Tod führen können. Diese Art der Räude ist nicht auf den Menschen übertragbar.

Auch Kühe können Zwischenwirte für Bandwürmer sein. Da unsere Hunde mit Allerlei in Berührung kommen, ist eine regelmäßige Entwurmung wichtig.

Würmer

Zu den Darm- bzw. Endoparasiten gehören auch verschiedene Wurmarten. Alle Hunde sind von Wurmbefall bedroht, und das ein Leben lang.

> **Tipp | Vorbeugung**
>
> Einige Vorsichtsmaßnahmen können die Gefahr der Ansteckung mit Würmern verringern:
> › Flöhe und Haarlinge bekämpfen.
> › Keinen Kot, erbeutete Mäuse oder Ratten fressen lassen.
> › Sogenannte „Hundetoiletten" meiden.

Bandwürmer
Sie wurden bereits im Zusammenhang mit ihren Überträgern, den Flöhen, auf Seite 67 beschrieben; eine weitere Gruppe der Bandwürmer sind die Tänien (Taenia sp.). Sie können bis zu zwei Meter lang werden und werden durch das Fressen von rohem Fleisch übertragen. Zwischenwirte sind Pflanzenfresser wie Rind und Schaf oder Nagetiere wie Mäuse, Hasen und Kaninchen. Der Befall ist oft symptomlos, doch können Abmagerung und bei starkem Befall eventuell Darmverschluss auftreten.

Spulwürmer (Toxocara canis)
Sie befallen auch Welpen, da die Larven von der Mutterhündin durch die Milch und über die Blutbahn in die Gebärmutter gelangen können. Welpen und Mutterhündin werden daher zwei Wochen nach der Geburt entwurmt. Da die Reifung der Larven nur vier bis sieben Tage dauert, ist alle zwei Wochen eine Wurmkur notwendig. Die handelsüblichen Präparate werden nach Körpergewicht dosiert. Es besteht bei Spulwürmern Infektionsgefahr für Menschen, besonders für Kleinkinder. Bei starkem Wurmbefall kann man nach der Entwurmung den Abgang weißer, spaghettiartiger, bis zu 18 cm langer Würmer im Kot feststellen.

Hakenwürmer (Uncinaria-stenocephala-Ancylostoma-Arten)
Sie können während der ersten Lebenswochen eines Welpen durch die Muttermilch übertragen werden. Sie gehören zu den blutsaugenden Dünndarmparasiten und können, wenn nicht behandelt, zum Tod des Tieres führen. Auch bei dieser Wurmart besteht Ansteckungsgefahr für den Menschen.

Peitschenwürmer (Trichuris vulpis)
Sie gehören ebenfalls zu den blutsaugenden Parasiten, befallen den Dickdarm und können Schleimhautverletzungen und Blutungen hervorrufen. Die Symptome bei einem Befall sind Abmagerung, Darmentzündung und Kräfteverfall. Die Diagnose wird durch die mikroskopische Untersuchung des Kots erstellt. Es müssen sowohl die Welpen als auch die Mutterhündin behandelt werden.

Ihr Hund sollte mindestens zweimal im Jahr entwurmt werden. Fragen Sie Ihren Tierarzt, er wird Ihnen das richtige Präparat verschreiben.

Kastration

Falls Sie mit Ihrem Parson oder Jack Russell Terrier als Familienhund glücklich sind und keinen Ehrgeiz für Ausstellungen oder Zucht haben, werden Sie Ihren Hund vielleicht kastrieren lassen. Bei Hündinnen vermindert eine Kastration die Wahrscheinlichkeit von Gesäugetumoren, verhindert Gebärmuttervereiterung (Pyometra) und Scheinträchtigkeit, und man vermeidet die Probleme der Hitze (Läufigkeit). Manche Tierärzte empfehlen die Kastration bereits vor der ersten Hitze. Laut Veterinärmedizinischer Universitätsklinik ist es besser, erst nach der zweiten Hitze zu kastrieren, da die Hormonproduktion mit der Entfernung der Geschlechtsdrüsen wegfällt. Diese ist aber für die Entwicklung einer Hündin sowie eines Rüden wichtig. Hunde, die zu jung kastriert werden, bleiben in ihrer Reifung in einer vorpubertären Phase stehen.

Bei Rüden werden bei der Kastration die Hoden aus dem Hodensack entfernt. Diese Operation ist einfacher als die Kastration der Hündin und normalerweise unproblematisch. Die Kastration des Rüden kann, muss aber nicht, zu einer Reduzierung der Aggression und zur Beseitigung von hypersexuellem Verhalten führen. Rüden, die nach der Pubertät kastriert werden, verändern sich in ihren guten Eigenschaften kaum. Eine Kastration sollte niemals in der Hoffnung auf eine Verbesserung eines unerwünschten Verhaltens vorgenommen werden.

Rassespezifische Erkrankungen

Es sind nur wenige rassespezifische vererbbare (genetische) Krankheiten beim Russell Terrier bekannt. Das kann verschiedene Ursachen haben. Die Rasse ist erst seit 1990 vom Kennel Club und von der FCI anerkannt. Züchter und Verbände haben eventuell noch nicht genügend Unterlagen über auftretende Defekte gesammelt. Außerdem wurden Parson Russell Terrier im Ursprungsland Großbritannien bis zur Anerkennung überwiegend als Arbeitsterrier gezüchtet. Hunde mit Erbkrankheiten waren arbeitsuntauglich und dadurch für die Zucht ungeeignet. So entstand eine Auslese auf gesunde Hunde.

Über die Parson und Jack Russell Terrier, die als Begleithunde gehalten werden, gibt es wenig Material. Erst vor einigen Jahren haben verschiedene Landesorganisationen Zuchtordnungen erlassen, die die Untersuchung auf potenzielle Erbkrankheiten zur Vorschrift machen.

Patella-Luxation

Hier handelt es sich um eine nicht fest sitzende, verschiebbare Kniescheibe, die verschiedene Ursachen haben kann und durch ein zeitweilig auf drei Beinen hüpfendes Laufen des Hundes erkennbar ist. Der Zustand kann für das Tier schmerzhaft sein und zu Gelenkabnützung und Arthritis führen. Dieser Defekt ist operativ korrigierbar, wobei es verschiedene Methoden gibt. Ihr Tierarzt kann Sie darüber ausführlich

Ein gesunder Bewegungsapparat ist unerlässlich für das Wohlbefinden des Hundes.

informieren, falls Sie die oben beschriebenen Symptome bei Ihrem Russell Terrier beobachten. Patella-Luxation tritt hauptsächlich bei kleinen Hunderassen auf.

Einige Studien lassen vermuten, dass mehr Hündinnen als Rüden von der kongenitalen Kniescheibenverlagerung betroffen sind. Man vermutet auch hormonelle Einflüsse, sodass bei Hündinnen eine Untersuchung außerhalb der Läufigkeit sinnvoll ist.

> **Info Taubheit**
> Sie tritt oft bei Hunden auf, die das s/w-Gen (extreme Weißscheckung) tragen. Die Taubheit kann ein- oder beidseitig auftreten.

Legg-Calvé-Perthes

Hierbei handelt es sich um eine krankhafte Knochenveränderung des Oberschenkelkopfes und ist ebenfalls bei kleinen Hunderassen zu finden. Die Symptome treten bereits im Alter von sechs bis acht Monaten auf und werden oft mit denen der Patella-Luxation verwechselt. Da der Femurkopf durch mangelnde Blutzufuhr abstirbt, muss er operativ entfernt werden. Danach ist der Hund wieder voll fit, da die Muskulatur das Hüftgelenk ausreichend zusammenhält.

Augenerkrankungen

Die Linsenluxation ist eine Ablösung der Linse von den inneren Augenmuskeln und kommt bei Terriern häufig vor. Sie kann erst im fortgeschrittenen Alter auftreten und muss operativ korrigiert werden. Eine weitere, womöglich spät eintretende genetische Augenerkrankung ist der erbliche Katarakt. Die Augen Ihres Hundes sollten ab dem dritten Lebensjahr, eventuell jährlich, von einem der ECVO (European College of Veterinary Ophthalmology) angehörenden Tierärzte genau untersucht werden.

Hunde, die die hier angeführten Krankheiten haben, müssen von der Zucht ausgeschlossen werden.

Augenerkrankungen wie der Graue Star, gehören zu den vererbbaren Krankheiten.

Alternative Heilmethoden

Es gibt viele Mittel auf pflanzlicher und anderer Basis, die unterstützend zur Schulmedizin angewendet werden können. Die meisten Tierärzte verabreichen oder empfehlen heute gern solche Mittel, besonders bei trächtigen und säugenden Hündinnen.

Auch homöopathische Mittel werden in der Naturheilkunde oft angewendet. Hier wird „Gleichartiges durch Gleichartiges" geheilt, indem Mittel angewendet werden, die in höherer Dosierung die gleichen Krankheitserscheinungen hervorrufen würden, die bekämpft werden sollen. Die Theorie ist, dass der Körper durch die Verabreichung der homöopathischen Mittel eigene Abwehrkräfte entwickelt. Es ist unerlässlich, dass Sie diese Heilmittel nur nach Verordnung Ihres Tierarztes anwenden.

Harmlose Mittel wie Kamillen-, Malven- oder Käsepappeltee können immer verabreicht werden; bei jeder Krankheit oder Entzündung sollte aber auch immer der Tierarzt konsultiert werden.

Eingabe von Medikamenten

Wenn Sie Ihrem Hund Tabletten geben müssen, gibt es einen einfacheren Weg, als sie ihm mühsam in den Rachen zu schieben: Stecken Sie die Tabletten in etwas Leberwurst oder Hackfleisch. Pulver können Sie gut unter das Futter mischen. Tropfen und flüssige Arzneimittel können Sie mit etwas Wasser oder Fleischbrühe verdünnen und mit einem Löffel in die weggezogene Unterlippe einflößen. Halten Sie dabei den Kopf des Hundes hoch, sodass die Flüssigkeit geschluckt wird. Manche Hunde fressen ihre Tabletten problemlos mit ihrem Futter, andere spucken sie aus.

Je besser Sie Ihren Hund kennen und beobachten, desto leichter wird es für Sie, dem Tierarzt ungewöhnliche Symptome zu beschreiben.

Tipp | Tierarztbesuche

Bei diesen Symptomen sollten Sie sofort zum Tierarzt gehen:
- Anhaltender Durchfall mit und ohne Erbrechen, bzw. anhaltendes Erbrechen mit und ohne Durchfall
- Erfolgloses Würgen mit starkem Speicheln
- Körpertemperatur über 39 °C
- Krampfzustände
- Blutungen aus jeglichen Körperöffnungen
- Kreislaufprobleme (bleiche Schleimhäute, Zittern, blaue Zunge, kurzfristige Ohnmacht)
- Bewegungsstörungen, starkes Speicheln, Zittern, auffällig geweitete Pupillen
- Taumeln und weiche Knie
- Stark anschwellende Insektenstiche mit Atemnot
- Stark blutende Verletzungen
- Aufgetriebener Bauch, Würgen, ohne erbrechen zu können
- Fremdkörper in Maul, Rachen, Verdauungstrakt oder Ohr
- Verletzungen oder Veränderungen am Auge
- Starke Sekretion aus Nase und/oder Auge
- Ohr: häufiges Kratzen, Druckempfindlichkeit, Geruch, Schütteln, Schlagen und/oder Schiefhalten des Kopfes
- Andauernde Atembeschwerden oder Husten
- Ausfluss aus den Geschlechtsorganen
- Verdacht auf Vergiftungen (Erbrechen, Durchfall, Muskelkrämpfe, Zittern, Atemnot, starkes Speicheln, blutige Maulschleimhaut)

Graben ist eine Lieblingsbeschäftigung aller Russells.

Erste Hilfe beim Hund

Die Erste-Hilfe-Leistung beim Hund ist nicht wesentlich anders als beim Kind. Das erste Gebot ist Ruhe und einen kühlen Kopf bewahren.

> **Tipp | Hausapotheke**
>
> Stellen Sie sich für Ihren Hund eine Hausapotheke zusammen, die Sie auch mit auf Reisen nehmen können.
> - Tierkohle
> - Durchfallmittel
> - Pflaster
> - Antibakterielle Salbe oder Spray
> - Mullbinden in zwei Breiten
> - Watte, Watte-Pads
> - Wundsalbe oder -puder
> - Schere
> - Fieberthermometer (für Kinder)
> - Ohrenreinigungstropfen vom Tierarzt

Rauferei

Eine Rauferei ist bei einem Russell Terrier keine Seltenheit und für den Hund ebenso wie für den Hundehalter aufregend. Parson und Jack Russell Terrier begnügen sich nicht mit kleinen Gegnern, sondern greifen am liebsten viel größere Hunde an. Raufereien finden meistens unter gleichgeschlechtlichen Hunden statt, wobei Auseinandersetzungen zwischen Hündinnen meist ernster sind als zwischen Rüden.

Eingreifen in Raufereien

Falls Ihr Rüde Imponiergehabe gegenüber anderen Rüden zeigt, gehen Sie schnell von ihm weg und rufen ihn. Falls es dazu zu spät ist: Versuchen Sie niemals, einen Hund, der sich festgebissen hat, loszureißen. Sie werden noch mehr Schaden anrichten und vielleicht selbst gebissen werden.

Versuchen Sie, den Hund mit seinem Halsband zu würgen, indem Sie einen Finger unter das Halsband stecken und zudrehen, sodass er keine Luft bekommt und loslässt. Dann müssen Sie rasch reagieren und die Hunde trennen. Sind Sie allein, ist das jedoch beinahe unmöglich.

Hat sich Ihr Hund eine Verletzung zugezogen, sollten Sie zum Tierarzt gehen. Hundebisse müssen desinfiziert, dabei die umliegenden Haare abrasiert und die Wunde vielleicht auch genäht werden. Auch ein kleines Loch kann zu einem Abszess führen, wenn Haare den Heilungsprozess behindern.

Straßenverkehr

Eine weitere Gefahrenquelle ist der Straßenverkehr. Parson und Jack Russell Terrier, auch die folgsamsten, sind sehr impulsiv und sehr schnell. Ist Ihr Hund von einem Auto angefahren worden, müssen Sie ihn zuerst beruhigen. Oft wird er wild um sich beißen. Nehmen Sie einen Strick, Ihren Gürtel oder eine Krawatte, binden Sie sie dem Hund

Nicht nur auf der Jagd kann Ihr Hund verletzt werden. Die meisten Unfälle passieren im Straßenverkehr.

um den Fang, und verknoten Sie die Enden hinter den Ohren. Ziehen Sie eine Decke oder Ihre Jacke unter den Hund, sodass er, ohne groß bewegt zu werden, zum Tierarzt getragen werden kann.

Info Antipathien

Russell Terrier können echte Antipathien entwickeln, sodass man die Hunde, falls sie im selben Haushalt leben, für immer trennen muss. Sie werden staunen, in was für eine reißende Bestie sich Ihr Russell bei einer Rauferei verwandeln kann!

Knochenbrüche

Falls seine Glieder eine verrenkte Stellung haben, hat er vielleicht einen Knochenbruch erlitten. Unterpolstern Sie das Glied, und versuchen Sie es ruhig zu stellen. Versuchen Sie nie, die Knochen wieder in die richtige Stellung zu bringen, sondern bewegen Sie die Bruchstelle so wenig wie möglich. Sie können einen Ast als Stütze für den Bruch nehmen und ihn unterhalb und oberhalb der Fraktur mit einem Band am Bein befestigen.

Bewusstlosigkeit

Wenn Ihr Hund bewusstlos ist, streifen Sie sein Halsband ab und ziehen seine Zunge aus dem Maul. Sehen Sie sich die Farbe des Gaumens an: Ist er blass, hat Ihr Hund wahrscheinlich einen Schock erlitten, und sein Kreislauf ist gestört. Halten Sie den Hund warm, wickeln Sie ihn in eine Decke oder Ihren Mantel ein, und fahren Sie so schnell wie möglich zum Tierarzt.

Info Giftige Pflanzen

Geben Sie acht darauf, dass Ihr Hund keine giftigen Pflanzen zernagt oder frisst. Hier eine Auswahl an giftigen Pflanzen:

- Akazie
- Ampfer
- Azalee
- Begonie
- Cannabis
- Dieffenbachie
- Efeu
- Eisenhut
- Fingerhut
- Glyzinie
- Goldregen
- Hortensie
- Japanische Kirsche
- Kartoffel, gekeimt
- Lotus
- Maiglöckchen
- Märzenbecher
- Nachtschattengewächse
- Oleander
- Passionsblume
- Philodendron
- Pilze (z. B. Knollenblätterpilz)
- Rhabarber (Blätter)
- Rhododendron
- Rittersporn
- Sauerklee
- Tabakpflanze
- Weihnachtsstern
- Wolfsmilchgewächse (Euphorbien)
- Zierpaprika

Hitzschlag

Ein Hitzschlag kann auftreten, wenn die Temperatur des Hundes die „höchste" Normaltemperatur von 38,8 °C übersteigt. Große Anstrengung bei warmem Wetter oder der Aufenthalt in einem heißen Auto können für den Hund lebensbedrohend sein. Hunde schwitzen nur an den Fußballen und vertragen die Hitze schlechter als Menschen.

Bei Verdacht auf Hitzschlag legen Sie Ihren Hund in den Schatten und kühlen Sie ihn mit Kaltwasserumschlägen auf Bauch und in der Schenkelgegend. Versuchen Sie nicht, die Temperatur zu schnell zu reduzieren, und bringen Sie den Hund so schnell wie möglich zum Tierarzt.

Vergiftungen

Die Gefahr einer Vergiftung lauert überall – im Haus, im Garten, in der Garage, auf der Straße, im Park. In Haus und Garten befinden sich viele giftige Pflanzen, in der Garage Frostschutzmittel und andere giftige Substanzen. Rostschutzmittel, Holzimprägnierung, Kunstdünger oder auch Pflanzenschutzmittel sind alle giftig. In den Parks werden Chemikalien zur Rattenbekämpfung ausgestreut, die noch dazu gut schmecken, damit sie von den Ratten gern gefressen werden.

Maßnahmen

Falls Verdacht auf Vergiftung besteht und der Hund noch bei Bewusstsein ist, ist es notwendig, ihn sofort zum Erbrechen zu bringen. Dazu verwendet man lauwarmes Salzwasser (3 TL Salz auf 1 Tasse Wasser). Wenn es sich bei dem Gift um reizende Chemikalien handelt (Säuren, Laugen etc.), darf man allerdings kein Erbrechen auslösen!

Gehen Sie sofort zum Tierarzt und erklären Sie ihm, wenn möglich, welches Gift Ihr Hund gefressen hat, sodass er ein geeignetes Gegenmittel verabreichen kann (Reste, Verpackung und evtl. Erbrochenes mitnehmen).

Erste Hilfe beim Hund

Sicherheitsvorkehrungen

Vorsicht ist geboten
Alle diese Notfälle lassen sich durch entsprechende Vorsicht vermeiden. Als Parson und Jack Russell Besitzer müssen Sie weise Voraussicht walten lassen und sehr schnell denken können, schneller, als Ihr Hund sich bewegen kann.

Hundebegegnungen
Beobachten Sie Ihren Hund, um Raufereien zu vermeiden, und lassen Sie ihn einen Maulkorb tragen, falls er unverträglich mit anderen Hunden ist und ohne Leine läuft.

Allein im Auto
Lassen Sie Ihren Hund nie in einem heißen Auto warten, auch nicht für kurze Zeit. Bei großer Hitze ist es besser, den Hund zu Hause zu lassen.

Pflanzen
Bringen Sie alle giftigen Pflanzen außer Reichweite Ihres Hundes, besonders wenn er jung ist.
Lassen Sie Ihren Hund nicht allein im Garten, ohne ihn zu beobachten.

Reinigungsmittel
Räumen Sie alle Reinigungsmittel und anderen giftigen Substanzen weg, und verschließen Sie sie unerreichbar in einem Schrank.

Straßenverkehr
Lassen Sie Ihren Terrier in der Nähe von Autoverkehr niemals unangeleint, auch wenn er noch so brav ist.

Erziehung leicht gemacht

Es ist nicht immer einfach, einen Russell Terrier zu erziehen. Diese Rasse wurde seit nunmehr fast zweihundert Jahren für die selbstständige Arbeit im Bau gezüchtet und ist dementsprechend unabhängig. Diese Unabhängig- und Selbstständigkeit des Hundes, sein Mut und seine unbekümmerte Fröhlichkeit sind es aber, die sein Wesen bestimmen und ihn so liebenswert machen.

Hundeverhalten

Um zu wissen, warum sich ein Hund auf eine gewisse Weise verhält, was angelernt und was instinktiv ist, was ein normales Hundeverhalten ist, sollte sich jeder, der einen Hund besitzt oder einen kaufen will, gründlich über Hundepsychologie, das Wesen und das Sozialverhalten von Hunden informieren. Es gibt ausgezeichnete Fachliteratur, die diese Themen behandelt, die sehr interessant und auch für Hundeneulinge leicht zu verstehen ist.

Familien- und Gesellschaftshund

In unserer modernen Gesellschaft werden Hunde immer seltener für ihren ursprünglichen Zweck eingesetzt; sie werden hauptsächlich als Familien- und Gesellschaftshunde gehalten. Daraus entstehen oft Probleme, denn es werden Wünsche und Hoffnungen in den Hund gesetzt. Er soll menschliche Beziehungen ersetzen, er soll in einer mechanisierten Welt einen Kontakt zur Natur herstellen – kurzum, der Hund wird vermenschlicht. Das bedeutet, dass das Wesen des Hundes im schlechtesten Fall missbraucht, im besseren Fall missverstanden wird.

Damit Ihr Welpe versteht, dass er etwas richtig gemacht hat, muss er für dieses Verhalten auch jedes Mal belohnt werden.

Ob groß oder klein – alle Hunde stammen vom Wolf ab.

Vom Wolf zum Hund

Nicht nur das soziale Umfeld, sondern auch das Erbgut eines Hundes spielt eine große Rolle in seinem Verhalten. Es bestehen natürlich Unterschiede zwischen den verschiedenen Rassen und individuelle Unterschiede innerhalb einer Rasse, aber Grundlage des Hundeverhaltens ist das Verhalten des wilden Stammvaters aller Hunderassen: des Wolfes.

Sowohl der Wolf als auch der Hund – obwohl in verminderter Form – haben ein vielseitiges Verständigungsrepertoire. Sie benützen Mimik, Körpersprache und Lautsprache, um sich zu verständigen. Auch der Geruchssinn ist hier von eminenter Bedeutung.

Entstehung der Hunderassen

Der domestizierte Wolf, nunmehr ein Hund, konnte sich nicht mehr durch eine natürliche Selektion fortpflanzen, sondern die Zucht wurde vom Menschen bestimmt. Es entstanden die verschiedenen Hunderassen, die sehr unterschiedlich sind. Diese Hunderassen haben heutzutage verschiedene Ohr- und Rutenformen, verschiedenes Haarkleid, verschieden lange Fänge. Allein durch diese Unterschiede zum Wolf hat der Hund einiges an Mimik und Ausdrucksmöglichkeit verloren. Ein Spaniel zum Beispiel mit langen behaarten Hängeohren kann diese niemals spitzen oder zurücklegen wie ein Wolf. Ein Mops ist nicht in der Lage, eine Drohmimik mit aufgezogenen Lefzen zu zeigen, wie der Wolf oder andere Rassen, die einen längeren Fang, eine normale Zahnstellung und weniger runde Augen haben. Wolfssignale gibt es bei den meisten Hunderassen nur noch ansatzweise oder in reduzierter Form. Der Mensch hat den Hund verändert, ihn abhängig und zum idealen Menschenbegleiter gemacht.

Lernen einer Fremdsprache

Hunde leben mit Menschen, und diese tragen für ihr Wohlbefinden die volle Verantwortung. Um dieses Wohlbefinden zu garantieren, muss der Mensch dem Hund sein Rudel ersetzen und ihm eine klare Rangordnung bieten. Dazu sollte der Hundebesitzer in der Lage sein, die „Sprache" des Hundes zu verstehen. Hunde haben eine eigene Körpersprache, die der des Wolfes in reduzierter Form ähnlich ist. Die meisten Menschen verstehen diese Sprache instinktiv: Sie können erkennen, wann ein Hund Angst hat, wann er sich freut, wann er sich aggressiv aufrichtet. Zur weiteren Kommunikation der Hunde gehören Lautäußerungen und geruchliche Verständigung wie das „Markieren" und das Beschnüffeln von Kopf- und Anogenitalbereich. Beim Hund gibt es Imponiergehabe, Drohverhalten, passive und aktive Unterwerfung und Spielverhalten. Alle diese Kommunikationsmittel stammen vom sozialen Rudelleben des Wolfes und sind beim Hund in veränderter Form erhalten geblieben.

Begrüßungsverhalten

Wenn ein Hund hochspringt, will er die Mundwinkel des Menschen lecken, genauso wie Wolfswelpen das bei ihrer Mutter oder einem ranghöheren Wolf tun. Dieses Verhalten ist ein Ausdruck von freundlicher Annäherung und aktiver Unterwerfung. Auch das „Begrüßungsurinieren" ist ein Unterwürfigkeitsmerkmal. Diese Verhaltensweisen laufen instinktiv ab und sind nicht auf schlechtes Hundebenehmen zurückzuführen.

Um zu wissen, wie man einen Hund erzieht, muss man zuerst wissen, weshalb er ein gewisses Verhalten zeigt, um es dann in die richtigen Bahnen zu lenken. Das bedeutet, dass der Mensch mehr lernen muss als der Hund. Ein gut geführter Welpenspielkurs vermittelt einiges von diesem Wissen.

Info Domestikation

Durch die Domestikation wurden aus den Wölfen Hunde und Haustiere. Daraus ergibt sich die Tatsache, dass Hundeverhalten abgewandeltes Wolfsverhalten ist. Sowohl der Wolf als auch der Hund sind ausgesprochen sozial lebende Tiere, und ihr Gesamtverhalten ist durch dieses Zusammenleben bestimmt. Deswegen passen Hunde sehr gut in die menschliche Lebensform, die Familie, hinein. Wölfe leben und jagen in Rudeln, Hunde haben als Rudel ihre Menschenfamilien, die ihre Artgenossen ersetzen. Die Voraussetzung für das jahrtausendalte gute Zusammenleben von Mensch und Hund ist die ähnliche soziale Organisationsform.

Hunde- sowie Wolfswelpen lecken die Lefzen der Alttiere, um sie zum Futtervorwürgen zu bringen. Dieses Verhalten ist auch ein Zeichen von Unterwürfigkeit.

Die Lernphasen

Sowohl Wölfe als auch Hunde lernen am meisten und am intensivsten im sogenannten „Spielalter", also in ihrer Jugend. Alle Verhaltensweisen werden in dieser Zeit spielerisch erkundet. Vor allem aber wird beim jungen Hund das Sozialverhalten spielerisch geübt. Während dieser Periode werden Aggressionen gedämpft und soziale Rangordnungen etabliert.

Genau dieses Spielverhalten und auch die Zeit der Jugendentwicklungsphase muss man ausnützen, um den Hund spielerisch zu erziehen.

> **Tipp | Was Hunde verstehen**
>
> Genauso wie Hunde die Mimik und Körpersprache ihrer Artgenossen interpretieren können, versuchen sie, die Mimik, die Gesten und Lautäußerungen des Menschen zu verstehen. Der Hund ist nicht in der Lage, den Sinn eines gesprochenen Wortes zu erfassen, er kann aber Lautstärke, Betonung, Bewegung und Gestik erkennen. Er versteht, wenn man böse mit ihm ist oder wenn man mit ihm spielen will.

Lernmechanismen

Hunde lernen durch positive Erfahrung, sie lernen assoziativ und haben ein gutes Gedächtnis für positive und negative Erfahrungen. Ein Erziehungsfehler in der Junghunde-Entwicklungsphase ist nachher nur sehr schwer zu korrigieren. Der Hund lernt, indem er verschiedene Verhaltensweisen mit einer Befriedigung oder Belohnung verbindet. Um dem Hund zu vermitteln, dass er etwas Erwünschtes getan hat, muss man innerhalb von maximal zwei Sekunden belohnen.

Instrumentelle Konditionierung
Es ist diese Lernform, die in der Hundeerziehung ausgenützt werden muss. Man nennt sie in der modernen Hundeerziehungssprache „instrumentelle Konditionierung" (positive Verstärkung: Verhalten tritt öfter auf, wenn es belohnt wird). Dieser Lernvorgang funktioniert auch in umgekehrter Richtung: Erfolgt auf ein Verhalten eine schlechte Erfahrung, wird dieses Verhalten in Zukunft gemieden.

Geduld und Konsequenz

Hunde haben ein ausgeprägtes Lernvermögen und sind dadurch sehr anpassungsfähig. Das ist es, was das Zusammenleben von Hund und Mensch so erfolgreich macht. Auf den Russell Terrier bezogen bedeutet das, dass dieser kleine, für die Fuchsbauarbeit gezüchtete Hund auch ein angenehmer und glücklicher Familienhund sein kann. Um diesen wünschenswerten Zustand zu erreichen, benötigt man einiges an Wissen, sehr viel Geduld und vor allem Konsequenz. Die Ausbildung eines Hundes macht das Zusammenleben angenehmer, weil der Hund sein Verhalten an die Wünsche des Menschen anpasst. Das erreicht man nur, wenn der Hund den Menschen als ranghöher anerkennt.

> **Tipp | Verhalten fördern**
>
> Wird ein Verhalten belohnt, tritt es immer häufiger auf. Die Belohnung muss gleichzeitig mit dem erwünschten Verhalten erfolgen.
> Es ist viel leichter, einem Hund ein erwünschtes Verhalten beizubringen, das ihm Erfolg (Belohnung, Leckerbissen, Lob) bringt, als ihm ein unerwünschtes Verhalten durch Strafe abzugewöhnen.

Für einen lebhaften Parson oder Jack Russell Terrier ist es sehr schwer, an lockerer Leine zu gehen. Dieser Parson Russell beherrscht bereits die Übung und schaut dabei aufmerksam seine Halterin an.

Lernen von Signalen

Der Mensch hat verschiedene Möglichkeiten, ein gewünschtes Verhalten beim Hund zu erreichen. Hunde sind sehr lernfähig und können optische und akustische Zeichen durchaus erkennen. Um dem Hund dieses Erkennen zu erleichtern, sollte man für das gewünschte Verhalten immer das gleiche Wort benutzen oder das gleiche Sichtzeichen geben. Der Hund muss sich an die Zeichen gewöhnen, er soll in der Lage sein, die Signale mit einem bestimmten Verhalten zu verknüpfen. Diese Assoziation muss deshalb immer durch Lob und Belohnung unterstützt werden.

Ein freudiges Erfolgsgefühl verstärkt die notwendige Bindung zwischen Hund und Mensch, Strafe hingegen erzeugt Angst. Eine enge Bindung des Hundes an seinen Besitzer fördert das Vertrauen und unterstützt die Lernfähigkeit.

Hunde haben einen weitaus besseren Geruchssinn als eine Sehleistung.

Sinnesleistungen

Der Hund nimmt seine Umwelt, so wie wir auch, durch seine Sinne wahr. Um seinen Russell Terrier zu verstehen, muss man die Welt, wie der Hund sie erlebt, verstehen. Roger Mugford, ein bekannter Tierpsychologe, schreibt: „Wann immer du vermagst, versetze dich in das Fell und die Lage deines Hundes. Bewege dich nach unten auf Bodenebene, schließe deine Augen und sauge den Geruch der Erde ein. Schaue hinauf zu Menschen, die hoch über dir aufragen … Aber, am allerwichtigsten, vergiss alles über Geld, die eigene Person und über das Morgen. Denke nur an das Heute, an Nahrung, Wärme, Gesellschaft und Fortpflanzung. In der Welt eines Hundes zählt einzig und allein das Hier und Jetzt."

Der Geruchssinn

Bei Hunden ist er wesentlich besser entwickelt als beim Menschen. Während der Mensch in einer vorwiegend optischen Welt lebt, ist die Welt des Hundes von Gerüchen dominiert. Ein Hund besitzt zirca 220 Millionen Geruchszellen, ein Mensch nur 5 Millionen. Ungefähr 10 % des Gehirns des Hundes sind ausschließlich dazu da, Geruchsinformationen zu verarbeiten. Beim Menschen ist es nur 1 %.

Die Überlegenheit des Geruchssinns des Hundes erklärt auch einiges von seinem Verhalten: Das „Markieren" mit Urin, das sowohl bei Rüden als auch bei Hündinnen zu beobachten ist, ist ein wichtiges Kommunikationsmittel. Solche Markierungen dienen als Information und erzählen anderen Hunden über das Geschlecht, den Status des Hundes und ob eine Hündin läufig ist. Jeder Hund hat seinen individuellen Duft, und jeder Hund markiert sein Territorium, indem er seinen persönlichen Geruch hinterlässt.

Sammeln von Informationen

Durch das Riechen sammelt der Hund eine Fülle von Informationen. Das Schnüffeln an einer Häuserecke ist für den Hund wie das Lesen einer Tageszeitung. Der Geruchssinn des Hundes wird vom Menschen bei vielen Rassen für verschiedene Zwecke eingesetzt – für die Jagd, für die Suche nach Drogen, zur Suche nach Überlebenden bei Lawinen- und Erdbebenkatastrophen und bei der Polizeiarbeit. Auch der Russell Terrier hat eine ausgezeichnete Nase, und er irrt sich nie!

> **Tipp | Leise Töne**
>
> Der Gehörsinn des Hundes unterscheidet sich von dem des Menschen, indem er viel höhere Frequenzen wahrnimmt. Ein Hund kann einen Laut aus ungefähr viermal größerer Entfernung wahrnehmen als ein Mensch. Es ist daher vollkommen unnötig, mit Ihrem Hund zu brüllen – er hört auch das leiseste Flüstern!

Das Sehvermögen

Hunde können Farben nicht so gut sehen wie Menschen, dafür können sie aber viel besser im Dunkeln und in der Dämmerung sehen. Ein weiterer Unterschied zwischen dem menschlichen und dem Hundeauge ist, dass Hunde mehr auf Bewegung als auf die Wahrnehmung von Details ausgerichtet sind.

Ein Hund läuft instinktiv einem sich bewegenden Objekt nach. Deswegen sollten Hundebesitzer ihrem Hund niemals nachlaufen, wenn sie ihn zu sich rufen, sondern immer weglaufen.

Der Geschmackssinn

Er ist beim Hund wie beim Menschen gut entwickelt. Auch Hunde lieben Süßes, es ist aber eher unwahrscheinlich, dass Hunde so hoch differenzierte Geschmacksempfindungen haben wie der Mensch. Das liegt daran, dass Wölfe in freier Wildbahn bei ihrer Nahrung nicht wählerisch sein können, sondern nur zwischen genießbarer und ungenießbarer (schädlicher) Nahrung unterscheiden müssen.

Das Schmerzempfinden

Es ist ebenfalls anders als das des Menschen, da der Hund weniger Schmerzrezeptoren besitzt. Strafen durch Schläge ist kontraproduktiv – Schläge haben keine erzieherische Wirkung, sie verwirren den Hund nur und zerstören sein Vertrauen.

Verstehen Sie die Welt eines Hundes, dann können Sie auch mit ihm kommunizieren und dieses Wissen Erfolg bringend bei der Ausbildung Ihres Hundes einsetzen.

Sich bewegende Objekte können Russells auch in großer Entfernung wahrnehmen. Gerüche werden genau untersucht.

Das kleine Einmaleins der Hundeerziehung

Warten Sie nicht zu lange, nur weil Sie glauben, dass Ihr Terrier noch ein Baby ist, sondern fangen Sie, ein paar Tage nachdem Sie Ihren Hund nach Hause gebracht haben, mit seiner Erziehung an. Sobald der Hund durch die Impfungen eine Immunität aufgebaut hat, sollten Sie mit ihm unbedingt einen Welpenspielkurs besuchen.

Die ersten Wochen in seinem neuen Zuhause sind die wichtigsten im Leben Ihres Russell Terriers. In dieser Zeit müssen Sie dem Hund beibringen, was ein gewünschtes Verhalten ist. Vergessen Sie nicht: Obwohl Ihr Hund erst acht bis neun Wochen alt ist – in nur vier Monaten ist er ausgewachsen!

Man muss einem Hund nicht Sitz und Platz beibringen – ein drei Wochen alter Russell Terrier kann schon sitzen und sich hinlegen. Sie müssen ihm nur beibringen, dass er es macht, wenn Sie es wollen. Der Hund muss verstehen, was Sie von ihm wollen und warum, und er muss es machen wollen.

Ein Russell Terrier wird eine Erziehung langweilig und sinnlos finden, wenn er nicht motiviert ist. Es gibt viel lustigere Dinge für ihn auf der Welt, als zu gehorchen.

> **Tipp | Erfolgreich erziehen**
>
> Parson und Jack Russells sind sehr intelligent und merken sofort, wenn ein gewisses Verhalten sich für sie lohnt. Mit altmodischen Erziehungsmethoden und Zwang ist hier wenig zu erreichen. Was der Russell will, ist ein Erfolgserlebnis – und dieses bekommt er, wenn er mit einem Leckerbissen für ein gewünschtes Verhalten belohnt wird.

Warum soll ich folgen, wenn es viel lustiger ist, einem Hasen nachzujagen?

Erziehungstipps

Grenzen kennenlernen
Hundegerechte Bestrafungen sind Ignorieren des Hundes, NEIN, PFUI (deutlich ausgesprochen), über die Schnauze greifen. So definieren Sie eine klare Rangordnung.

Konsequenz
Entweder erlaubt man ein bestimmtes Verhalten immer oder nie. Das muss bereits im Welpenalter gelten.

Kein Zwang
Zwang verringert den Lernerfolg und macht weder Ihnen noch Ihrem Hund Spaß.

Positive Verstärkung
Das bedeutet, dass Ihr Hund bei einem erwünschten Verhalten binnen zwei Sekunden belohnt werden muss, um sein Verhalten mit der Belohnung zu verknüpfen. Unerwünschtes Verhalten darf nur während der Handlung korrigiert werden!

Unterschiedliche Umgebung
Nachdem Ihr Hund einigermaßen sattelfest ist, üben Sie auch in ungewohnter Umgebung, um das gewünschte Verhalten zu festigen. Hunde lernen sehr ortsbezogen. Das sieht man oft am Hundeplatz, wo der Hund sich vorbildlich verhält. Ist er einmal draußen, ist sein Verhalten ganz anders.

Erfolg durch Belohnung

Nehmen Sie einen kleinen Hundeknochen oder ein Stückchen Trockenfutter und bringen Sie den Hund in die gewünschte Stellung. Wenn der Hund begriffen hat, was Sie von ihm wollen, folgt viel Lob und sofort darauf die Futterbelohnung. Wenn der Hund in seiner Erziehung weiter fortgeschritten ist, bekommt er die Belohnung nur gelegentlich, um sein Interesse nicht erlahmen zu lassen.

Wird Ihr Parson oder Jack Russell von Anfang an nicht gut erzogen, kann er sich zu einem Haustyrannen entwickeln. Russells wollen Ihnen gefallen, aber sie haben auch einen starken Drang, das zu tun, was sie selbst wollen. Mit Zwang erreichen Sie wenig bei diesen Rassen – sie sind für Beharrlichkeit gezüchtet, und diese Eigenschaft wird durch zwanghafte Erziehungsmethoden nur unterstützt. Sie brauchen Ihren Hund weder zu schlagen noch zu schütteln oder zu würgen.

Hunde wiederholen ein Verhalten, mit dem sie Erfolg haben. Der Hund kann den Erfolg (eine Belohnung oder ein Spiel) mit seinem Verhalten verknüpfen, und er wird ein erfolgreiches Verhalten freudig und hoffnungsvoll immer wieder einsetzen.

> **Tipp | Signale**
>
> Geben Sie Ihre Signale nur einmal. Es ist sinnlos, sie öfter zu wiederholen oder immer lauter und lauter zu werden. Wie bereits erwähnt, ist der Russell nicht schwerhörig.

Erwünschtes Verhalten wird belohnt

Sie müssen allerdings aufpassen, dass Sie nur ein erwünschtes Verhalten belohnen. Wenn Sie Ihrem Hund einen Leckerbissen geben, wenn er bettelt und an Ihnen hinaufspringt, wird er dieses erfolgreiche Verhalten immer wieder versuchen. Wenn Sie ihn aber

Belohnen ist viel wirkungsvoller als bestrafen.

vor der Belohnung absitzen lassen, wird er sich erwartungsvoll vor Sie hinsetzen.

Wenn Sie nicht konsequent bleiben, verwirren Sie Ihren Hund. Bleiben Sie immer bei denselben Erziehungsmethoden und akustischen und optischen Signalen; verwenden Sie unbedingt immer dieselben Signale.

Übungszeiten
Die beste Zeit, Ihrem Hund etwas beizubringen, ist vor dem Füttern, sodass er aufmerksam und hungrig auf die Belohnung wartet. Fangen Sie mit einer einfachen Übung an, die der Hund schon beherrscht, danach können Sie etwas Neues versuchen. Halten Sie die Übungsperioden kurz, nicht länger als 10 bis 15 Minuten. Es ist besser, öfter und kürzer zu üben. Beenden Sie die Übung wieder mit einem Erfolg und einer Belohnung. Dann folgt eine ausgedehnte Spielperiode, in der sich der Hund wieder entspannen kann.

Ein Russell Terrier ist stolz, wenn er etwas richtig gemacht hat, er freut sich darüber. Hören Sie mit der Übung immer auf, bevor der Hund anfängt, sich zu langweilen.

Signalverknüpfung
Wenn Sie mit einer Übung anfangen, verschaffen Sie sich die Aufmerksamkeit des Hundes, indem Sie seinen Namen sagen. Geben Sie das Signal, zum Beispiel SITZ, und bringen Sie ihn sofort darauf in die gewünschte Stellung. Der Hund muss lernen, das Wort SITZ mit dem gewünschten Verhalten zu verknüpfen. Und er kann eine Belohnung mit seinem Verhalten nur dann verbinden, wenn sie sofort darauf erfolgt.

Am Anfang ist es besser, nur mit Sichtzeichen zu arbeiten, da der Hund Mimik und Bewegungen besser wahrnimmt. Wenn gewünscht, kann man ein Hörzeichen zu einem späteren Zeitpunkt einführen.

Auch ein Spielzeug ist Belohnung; es muss nicht immer Futter sein.

Der Russell folgt der Hand in die gewünschte Position – und schon befindet er sich im SITZ. Die Belohnung folgt sofort.

Mit Geduld ans Ziel

Geduld ist bei der Erziehung eines Parson oder Jackies eine absolut notwendige Eigenschaft. Es wird immer Rückschläge geben, aber Sie müssen fest daran glauben, dass Sie Ihren Hund erziehen können, auch wenn er noch so lebhaft und verspielt ist. Sie müssen konsequent, bestimmt, freundlich und vor allem sehr geduldig sein!

Hinsetzen

Die einfachste Übung für den Hund ist SITZ. Ein Russell Terrier ist ein kleiner Hund und setzt sich oft von selbst, um Sie aus einer bequemen Stellung beobachten zu können. Nutzen Sie diese Gelegenheit, indem Sie das Signal SITZ geben oder Ihren Zeigefinger als Sichtzeichen heben. Er wird sich auch setzen, wenn Sie ihm einen Leckerbissen über den Kopf halten und die Hand langsam nach hinten bewegen. Geben Sie dem Hund sofort den Leckerbissen, und loben Sie ihn ausgiebig. Wiederholen Sie diese Übung einige Male. Die meisten Parsons und Jackies lernen SITZ ohne Probleme.

Ich fange mit meinen Welpen mit der Sitz-Übung bereits im Alter von sechs Wochen an. Danach folgt Platz.

Bleiben

Eines der wichtigsten Signale ist BLEIB. Sie können Ihren Hund, wenn er dieses Signal befolgt, vor vielen Gefahren wie Autos, Radfahrern und dergleichen mehr schützen. Diese Übung wird am besten mit der Übung SITZ verbunden. Setzen Sie Ihren Hund ab, und heben Sie Ihren Arm. Sprechen Sie seinen Namen dabei nicht aus, sonst glaubt Ihr Hund, dass Sie ihn rufen. Entfernen Sie sich anfangs nur einen Schritt; danach können Sie die Entfernung vergrößern. Wenn der Hund sich bewegt oder versucht, Ihnen nachzulaufen, bringen Sie ihn in seine ursprüngliche Position zurück und strecken ihm als Sichtzeichen die flache Hand entgegen. Diese Übung erfordert mehr Geduld als das SITZ, da der Russell Terrier ein Temperamentsbündel ist. Geben Sie nicht nach, wenn der Hund aufspringt, und seien Sie konsequent. Nachdem der Hund einige Sekunden bewegungslos

Hat er das Signal nach vielen Wiederholungen verstanden, kann man ihm SITZ auch aus dem Stand geben und sich etwas entfernen – Übung SITZ-BLEIB.

und erwartungsvoll still gesessen hat, gehen Sie zu ihm zurück, loben und belohnen ihn.

Aussteigen aus dem Auto
Diese Übung ist von großer Wichtigkeit beim Verlassen des Autos. Ihr Hund darf nie aus dem Auto hinausspringen, bevor Sie ihn angeleint und aus seiner BLEIB-Stellung z. B. mit LAUF oder HOPP befreit haben.

Bei meinem ersten Jack Russell Terrier Rüden habe ich bei unseren nächtlichen Spaziergängen ohne Leine beim Nahen eines Autos immer das SITZ-BLEIB-Signal gegeben. Nach kurzer Zeit hat der Hund, wenn er ein herannahendes Auto hörte, selbstständig und ohne Signal die Sitzstellung eingenommen und sich erst wieder bewegt, wenn das Auto vorbeigefahren war.

Wenn der Hund begriffen hat, was von ihm erwartet wird, können Sie die Zeitspanne langsam verlängern. Es ist viel einfacher, einem Russell Terrier das BLEIB in der Sitzposition beizubringen als mit PLATZ. Dennoch sollte man ihn das Ablegen lehren.

Das Herankommen sollte immer wieder, in vielen Situationen und an verschiedenen Orten, geübt und belohnt werden.

Herankommen

KOMM oder HIER (immer das gleiche Signal verwenden!) ist beim Russell Terrier nicht immer leicht zu erreichen. Meistens folgt ein Welpe recht brav, bis er ins (pubertäre) Flegelalter kommt. Dann findet er Hunderte von Sachen, die ihn mehr interessieren als herzukommen – Gerüche, Katzen, Hasen, andere Hunde und vieles mehr. Bleiben Sie konsequent und geduldig.

> **Tipp | Rückwärtsgehen**
> Laufen Sie niemals dem Hund nach, wenn er nicht folgt. Geben Sie das Signal, breiten Sie die Arme aus, zeigen Sie dem Hund seine Belohnung, und schalten Sie den Rückwärtsgang ein. Ihr Hund wird Ihnen folgen.

Auch wenn Sie länger im Regen gestanden sind und Ihnen vor Wut der Kragen platzt, müssen Sie genug Selbstbeherrschung haben, um den Hund bei seiner Rückkehr freundlich zu begrüßen und zu belohnen. Denn wenn Sie den Hund jetzt ausschimpfen oder bestrafen, verknüpft er diesen Tadel mit dem Zurückkommen. Sie sollten immer einen Leckerbissen in der Tasche haben, um den Hund zu belohnen und ihn heranzulocken. Das KOMM sollte immer mit etwas Gutem verknüpft werden.

Ein Sichtzeichen für KOMM sind ausgebreitete Arme. Wenn Sie noch dazu in die „Spielstellung" gehen und sich bücken, wird das Herkommen für Ihren Parson oder Jackie eine spielerische, freudige Übung.

Komm-Pfiff

Ist der Hund etwas älter und beherrscht diese Übung, ist ein akustisches Signal mit einer Pfeife oft sehr wirkungsvoll. Geben Sie immer dasselbe Lautsignal – drei kurze Pfiffe –, sodass der Hund immer weiß, was von ihm erwartet wird. Es ist oft leichter, die Aufmerksamkeit eines Russell Terriers durch einen Pfeifton auf sich zu lenken als durch die menschliche Stimme.

Ich habe meine Hunde auf den Clicker konditioniert und trage beim Spaziergang Clicker und Pfeife an einer Schnur um meinen Hals. Nach dem Pfiff, wenn der Hund mich anschaut, belohne ich die Aufmerksamkeit bereits mit einem Click. Jede Bewegung in meine Richtung wird ebenfalls mit einem Click belohnt. Die Hunde laufen zu mir, sitzen vor, bekommen wieder einen Click und eine Futterbelohnung. Dann dürfen sie wieder laufen. Diese Übung wird mehrmals wiederholt.

Vorsitzen
Wenn der Hund bei Ihnen angekommen ist, geben Sie ihm das Signal SITZ, bevor Sie ihm seine Belohnung geben. Dadurch verhindern Sie, dass Ihr Hund um Sie herumtanzt und sich vielleicht nicht anfassen lässt.

Hinlegen
PlATZ ist etwas, das manche Russell Terrier überhaupt nicht gerne machen, bei anderen ist es kein Problem. Auf jeden Fall sollte der Hund bereits SITZ können, denn aus dieser Position lässt sich PLATZ am leichtesten entwickeln.

Lassen Sie den Hund absitzen, nehmen Sie einen Leckerbissen in die Hand und führen Sie diese an der Nase des sitzenden Hundes vorbei bis zum Boden. Der Hund wird dem Leckerbissen mit seiner Nase folgen und sich auf den Boden legen. Dann erst geben Sie das Signal PLATZ und reichen dem Hund seine Belohnung. Wiederholen Sie diese Übung, bis der Hund das Wort PLATZ oder die Handbewegung mit dem Hinlegen verknüpft hat.

Das Sichtzeichen ist die mit der Handfläche zum Boden zeigende, sich abwärtsbewegende Hand.

PLATZ ist kleinen Hunden oft schwieriger beizubringen als SITZ.

FUSS läuft ein Hund normalerweise auf der linken Seite. Das hat mit seinen früheren Aufgaben als Jagdhund zu tun. Ein Jäger trägt rechts sein Gewehr und hat an seiner linken Seite seinen Hund.

Leinenführigkeit

Leinenführigkeit und FUSS wird ebenfalls mittels Leckerbissen und Lob vermittelt. Das Schritttempo eines Menschen ist für den Hund eine unnatürliche und viel zu langsame Gangart. Wenn Sie wünschen, dass Ihr Hund ohne zu ziehen an Ihrer Seite läuft, verlangen Sie von ihm eine unnatürliche Gangart. Das normale Hundeverhalten ist zu laufen, anzuhalten, um zu schnüffeln, hin und her zu laufen, um interessanten Gerüchen nachzuforschen.

Übungsaufbau

Bevor Sie mit der FUSS-Übung beginnen, sollten Sie Ihren Hund toben lassen. Danach leinen Sie ihn an und bringen ihn in die gewünschte Position an Ihrer linken Seite. Locken Sie ihn mit einem Leckerbissen dorthin, indem Sie die Leine in der linken Hand halten und mit der rechten ein Stückchen Hundefutter vor seine Nase halten.

Gehen Sie in einem flotten Tempo los, und halten Sie die Aufmerksamkeit Ihres Hundes mit dem Lockmittel. Ihr Hund wird mit Sicherheit nicht zu langsam, sondern eher zu schnell gehen wollen. In dem Moment, wo er anfängt zu ziehen, bleiben Sie stehen oder wechseln die Richtung, immer mit dem Leckerbissen vor seiner Nase.

Diese Übung sollten Sie kurz halten, aber mehrmals während eines Spaziergangs wiederholen. Dazwischen darf der Hund frei laufen.

Es ist sinnlos, dem Hund einen Leinenruck zu geben, denn er weiß ja noch nicht, was Sie von ihm erwarten! Leinen Sie den Hund wieder an, geben Sie das Signal FUSS und wiederholen Sie den Vorgang.

Das kleine Einmaleins der Hundeerziehung

Klopfen Sie an die Außenseite Ihres Schenkels, um dem Hund zu zeigen, wo Sie ihn haben wollen. Wenn der Hund diese Übung beherrscht, geben Sie das Signal FUSS und gehen ein paar Schritte zurück. Ihr Hund wird Ihnen folgen, sich an Ihre linke Seite begeben und seine Übung korrekt ausführen. Gelegentlich bekommt er dafür einen kleinen Leckerbissen, um seinen Enthusiasmus nicht erlahmen zu lassen.

Anleinen an Straßen
Auch wenn Ihr Russell Terrier noch so gut bei Fuß geht, lassen Sie ihn nie unangeleint an Straßen laufen. Ein anderer Hund oder eine Katze könnte auftauchen, und das ganze gute Benehmen ist vergessen! Nicht unterschätzen: Sie haben einen Terrier und keinen Gebrauchshund!

Fehlersuche
Alle hier beschriebenen Übungen sollten mehrmals am Tag zu Hause oder während des Spaziergangs wiederholt werden. Kurz, aber oft – das ist die Devise, die zum Erfolg führt. Überfordern Sie Ihren Hund nicht, langweilen Sie ihn nicht, und üben Sie keinen Zwang aus.

Frei bei Fuß
Nachdem Ihr Hund gelernt hat, was Sie von ihm wollen, können Sie die Leine loslassen und schleifen lassen. Der Hund spürt das Gewicht und glaubt, dass er noch angeleint ist. Allmählich können Sie ihn ableinen. Bleiben Sie öfter stehen, lassen Sie den Hund sitzen und geben Sie beim Weitergehen jedes Mal das Signal FUSS. Wechseln Sie öfter das Tempo und die Richtung und machen Sie Kehrtwendungen. Der Hund muss immer an Ihrer linken Seite in der Höhe Ihres Knies gehen.

> **Tipp | Ziehen an der Leine**
> Wenn Ihr Hund zieht, leinen Sie ihn nicht ab – das würde für ihn bedeuten, dass er nur zu ziehen braucht, um seine Freiheit zu erlangen. Machen Sie genau das Gegenteil – bleiben Sie stehen, bis er sich setzt, oder ändern Sie die Richtung. Flexileinen geben dem Hund vielleicht mehr Freiheit beim Spazierengehen, aber im Grunde genommen sind sie kontraproduktiv. Der Hund lernt, dass die Leine länger wird, wenn er zieht.

Belohnen Sie das Herankommen Ihres Hundes immer wieder – veranstalten Sie ein wahres Freudenfest.

Es gibt sicher Fehlschläge und unerwünschtes Verhalten in jeder Hundeausbildung. Fragen Sie sich aber, was diesem Benehmen zugrunde liegt – ist es die Schuld des Hundes, oder ist es Ihre Schuld?

Eine Welpenkäuferin rief mich vor einiger Zeit an, um mir zu berichten, dass sie ihre viereinhalb Monate alte Hündin bestrafen musste, weil sie ihr den Badezimmer-Papierkorb ausgeleert und zerbissen hatte. Ich musste ihr klarmachen, dass das ein ganz normales Hundeverhalten war – die Hündin war im Zahnwechsel, und die Schuld lag bei der Besitzerin, die die Badezimmertür offen ließ und dem Hund dadurch die Möglichkeit bot, seinen Kautrieb zu befriedigen.

Also denken Sie immer nach, was Sie vielleicht falsch gemacht haben könnten, und versuchen Sie, ein unerwünschtes Verhalten erst gar nicht aufkommen zu lassen. Hunde sind nicht bösartig und denken nicht darüber nach, wie sie Sie ärgern könnten, sondern gehen einfach ihren Instinkten nach! Je mehr Sie sich mit Ihrem Russell Terrier befassen, umso mehr wird er es Ihnen durch seine freudige Folgsamkeit danken.

Autofahren

Die meisten Russell Terrier sind begeisterte Autofahrer. Die Liebe zum Auto kann zu einigen Problemen führen: Das Auto wird lautstark gegen jeden Fremden verteidigt, Motorradfahrer werden verbellt, es wird im Auto hin und her gesprungen. Nicht zu vergessen sind die Haare, die in den Polstern stecken bleiben. Um nun diesen gefährlichen bzw. unangenehmen Erscheinungen Einhalt zu gebieten, empfiehlt sich wiederum die Hundebox (siehe S. 30) oder ein Hundegitter hinter den Rücksitzen. Vergessen Sie nicht, dass ein ungesicherter Hund wie ein Geschoss durch das Auto fliegt, wenn Sie plötzlich bremsen müssen oder einen Unfall haben. Das ist tödlich für den Hund und sehr gefährlich für Fahrer und Beifahrer.

Langsame Gewöhnung

Die meisten Russell Terrier haben keine Probleme beim Autofahren, aber es gibt immer Ausnahmen. Wenn Ihr Hund speichelt oder erbricht, gewöhnen Sie ihn langsam und durch kurze Fahrten an das Autofahren. Die meisten Hunde hören damit auf, wenn sie dem Welpenalter entwachsen sind.

Wussten Sie, dass Hunde auch voneinander lernen? Nachdem Sie Ihren ersten Parson oder Jack Russell Terrier gut erzogen haben, werden Sie vielleicht den Wunsch haben, sich einen zweiten ins Haus zu holen. Dieser jüngere Hund wird automatisch das gute (oder auch schlechte) Benehmen Ihres älteren Hundes nachmachen. Da das Erziehen eines Russells mehr oder weniger ein Open-end-Unterfangen ist, sollte Ihr erster Hund ein Mindestalter von eineinhalb bis zwei Jahren erreicht haben, bevor Sie einen zweiten Hund holen.

Signale auf einen Blick

Signal	Aktion des Hundes	Handzeichen	Pfeifton
BEI MIR	Der Hund soll zum Halter kommen und bei ihm bleiben. Er muss jedoch nicht BEI FUSS laufen, sondern darf etwas hinten oder vorne gehen.		
KOMM	Freudiges Herankommen zum Halter, mit Vorsitzen, z. B. zum Anleinen.	Arm seitlich nach oben strecken und seitlich auf den Oberschenkel fallen lassen.	TÜT-TÜT-TÜT (drei kurze Pfiffe)
SITZ	Sich hinsetzen und sitzen bleiben.	Zeigefinger nach oben ausgestreckt.	TÜÜÜT (langer Pfiff)
PLATZ	Sich hinlegen und liegen bleiben.	Ausgestreckte Handfläche, die zum Boden zeigt.	TRILLER
FUSS	Laufen am linken Bein des Halters. Leine hängt durch (oder ohne Leine).	Handfläche klopft an Oberschenkel.	
BLEIB	Hund bleibt sitzen oder liegen, auch wenn sich sein Halter entfernt, und wartet, bis dieser zurückkommt.	Handfläche zeigt in Richtung des Hundes.	
STEH	Hund steht ruhig und rührt sich nicht von der Stelle.		
LAUF	Löst alle gegebenen Signale auf. Hund darf wieder springen.		
APPORT	Hund wird zu einem Gegenstand geschickt, den er aufnehmen und zurückbringen soll.		
AUS	Hund gibt Gegenstand in die Hand seines Halters ab.		

Freizeitpartner Parson und Jackie

Der Parson oder Jack Russell Terrier ist ein Hund für alle Jahreszeiten und für alle Aktivitäten. Ob Winter oder Sommer, ob Sonnenschein oder Regen, ein Parson oder Jack Russell Terrier ist immer hoch erfreut, seinen Menschen überall hin zu begleiten.

Selbstständig und intelligent

Die fast zweihundertjährige Zucht als Arbeitsterrier hat einen Hund hervorgebracht, der es liebt zu jagen: Die Russells sind mutig, arbeitsfähig, neugierig und unnachgiebig. Da diese Rassen für selbstständige Arbeit im Fuchs- oder Dachsbau (und nicht, wie viele andere Rassen, für Arbeit unter der Anleitung des Jägers) gezüchtet wurden, sind sie hartnäckig und beharrlich. Die Parson Russell Terrier müssen unermüdlich sein in ihrem Bestreben, dem Fuchs über weite Strecken zu folgen, ihn zu stellen und ihn aus seinem Bau zu sprengen. Sie sollen kraftvoll und lebhaft Laut geben, wenn sie den Fuchs stellen, sie müssen mit Passion ihrer Beute nachjagen, und sie sollen sie unter der Erde verfolgen. Sowohl Parson als auch Jack Russell Terrier sind mutig, selbstständig und intelligent.

Diese Eigenschaften erschweren oft den Umgang im täglichen Leben mit einem Hund dieser Rassen. Die Hunde müssen sowohl ihre körperlichen als auch ihre psychischen Fähigkeiten einsetzen und ausleben können.

Jeder möchte einen intelligenten Hund haben, aber nicht jeder weiß, dass das Zusammenleben mit einem weniger intelligenten und weniger selbstständigen Hund einfacher ist.

Die meisten Russells sind richtige Wasserratten.

Auf der Jagd

Seine Fähigkeiten, sein Mut, seine Intelligenz und seine Selbstständigkeit machen ihn zum idealen Allrounder bei der Jagd. Obwohl er in seinem Ursprungsland nur für die Arbeit im Fuchsbau verwendet wird, ist er hierzulande ein vielseitiger Jagdhund. Er wird zur selben Arbeit eingesetzt wie ein Deutscher Jagdterrier, hat aber gegenüber dieser Rasse – Jagdterrierbesitzer mögen verzeihen – Qualitäten, die ihn bei den Jägern immer beliebter machen: Er ist weniger hart, seine freundliche Natur macht ihn leichtführiger, und er jagt näher zu seinem Führer.

Ein echter Allrounder

Obwohl er nur für die Bauarbeit gezüchtet wurde, ist er auch über der Erde vielseitig einsetzbar. Er zeigt sein Können sowohl beim Totsuchen als auch als Stöberhund. Er hat eine sehr gute Nase und arbeitet gut auf Schweiß. Bei Drückjagden auf Schwarzwild wird er immer beliebter. Seine Flinkheit und Wendigkeit sowie seine nicht übertriebene Schärfe und Führerbindung machen ihn zu einem verlässlichen Jagdgesellen. Er liebt Wasser und apportiert auch Enten.

Alle diese Eigenschaften legt er an der Haustür ab, um im Haus ein angenehmer, verspielter und kinderfreundlicher Familienhund zu sein.

Ein Russell-Besitzer über seinen Hund
Nichts sagt mehr über diese Rasse aus als die Worte des Besitzers eines neun Jahre alten Parson Russell Terriers: „Er hat nicht nur, als einziger Parson Russell Terrier in ganz Deutschland, wahrscheinlich sogar in Europa, sämtliche jagdliche Prüfungen der Prüfungsordnung, sondern darüber hinaus auch die Jagdeignungsprüfung und Verbandschweißprüfungen erfolgreich bestanden. Erstaunlich ist, dass dieser Hund

Parson Russell Terrier beim Anstellen der Treiberkette bei einer Drückjagd auf Schalenwild.

> **Tipp | Wesenstest**
>
> Um an den Jagdprüfungen teilnehmen zu können, muss in manchen Verbänden ein Wesenstest mit optischen und akustischen Reizen bestanden werden, der die erwünschten Eigenschaften wie Temperament, Bewegungstrieb, Ausdauer, Unerschrockenheit, Spür- und Stöbertrieb, Bindung und Führigkeit, Schussfestigkeit, Wasserfreudigkeit sowie Sicherheit gegenüber Menschen prüft.

seine Anlagen und Leistungen auch in der Jagdpraxis umsetzen konnte und die Gelegenheit dazu bekam. Bei einer seiner Nachsuchen waren elf weitere Jäger im Einsatz und haben seine unglaubliche Leistung bestaunt. Die absoluten Stärken meines Hundes sind die Nachsuche, aber auch das Apportieren. Nun, Sie merken, ich bin von meinem Kameraden überzeugt und habe zu ihm volles Vertrauen, wenn meine menschlichen Sinne nicht mehr ausreichen.

Durch seine jagdliche Leistung ist mein Hund eine Ausnahmeerscheinung im Parson und Jack Russell Lager. Leider ist er schon so alt, leider so schnell alt geworden, und leider bekommt man in einem Jägerleben nur einmal das Geschenk eines Tieres mit solchen Anlagen – doch noch habe ich ihn und jage mit ihm und liebe ihn."

„Ziehen aus dem Bau" ist sowohl bei der Anlagen- als auch bei der Vollgebrauchsprüfung Gegenstand.

Förderung der jagdlichen Anlagen

Immer mehr Jäger entdecken die Qualitäten dieser Rassen, aber es sind trotzdem nur vergleichsweise wenige Parson und noch weniger Jack Russell Terrier, die für die Jagd verwendet werden. Es ist gut, dass die Jagdeigenschaften, die diese Rassen besitzen, jetzt von mehreren Klubs gefördert und unterstützt werden. Diese Verbände veranstalten Mitgliedertreffen, Wandertage, Terrierrennen, Wesensprüfungen, Bauprüfungen und andere Prüfungen, die die jagdlichen Anlagen der Hunde beurteilen. Auch bei der Zucht wird bei diesen Klubs Wert darauf gelegt, dass nur wesensfeste Hunde mit guten jagdlichen Eigenschaften zur Zucht zugelassen werden.

Bei einer Junghundeprüfung zum Beispiel werden Baueignung, Spurarbeit, Laut beim Jagen (Spurlaut und Sichtlaut), Suche, Nase und Führigkeit sowie Schussfestigkeit geprüft.

Suchen und Bringen

Eine sinnvolle Beschäftigung für die schnellen Parson und Jack Russell Terrier ist das Apportieren. Auf das Signal APPORT wird der Russell Terrier zum Apportiergegenstand geschickt. Diesen wirft man zu Beginn nur ein paar Meter vor sich. Später kann man die Entfernung ausdehnen oder ihn auch gut verstecken, damit der Hund mit der Nase suchen muss.

Achten Sie darauf, dass Ihr Hund direkt zum Gegenstand läuft, diesen aufnimmt und ihn auf direktem Weg zurückbringt. Mit dem Signal AUS können Sie ihm dann das Apportel abnehmen.

Einmal aneinander gewöhnt, sind Russells am Pferd kein Problem. Deshalb trifft man sie auch häufig in Pferdeställen an.

Spaziergänge gestalten

Die meisten Russell Terrier haben leider nicht die Gelegenheit, ihr jagdliches Können zu beweisen. Doch die Wesensmerkmale, die sie bei der Jagd auszeichnen, machen aus ihnen auch bei anderen Aktivitäten lustige und unermüdliche Begleiter.

> **Tipp | Fahrradfahren**
>
> Wenn man mit seinem Hund Fahrrad fahren oder joggen möchte, muss man ihn frühzeitig daran gewöhnen. Man sollte ihn als jungen Hund nicht überfordern, und man sollte niemals bei großer Hitze in der prallen Sonne laufen oder Rad fahren.

Ein Spaziergang mit einem Parson oder Jack Russell Terrier ist immer voller Überraschungen. Er findet überall etwas, ob Vogel, Katze, Hase oder Eichhörnchen, dem er nachjagen kann. Man muss deshalb immer vorsichtig sein, wenn man seinen Hund von der Leine lässt, dass kein Wild oder Autoverkehr in unmittelbarer Nähe ist. Vergessen Sie niemals, dass Ihr Russell Terrier einen sehr starken Jagdbeutetrieb besitzt. Das macht es oft problematisch, wenn man bei einem Spaziergang auf Jogger oder Radfahrer trifft. Alles, was sich bewegt, wird gejagt.

Sportliche Aktivitäten

Falls Sie mit Ihrem Hund Sport betreiben wollen, sollten Sie es mit ihm von jung an üben. Ich bin oft mit meinem ersten Jack Russell Terrier langlaufen gegangen. Abgesehen davon, dass er von Anfang bis zum Ende Laut gab, war jeder andere Langläufer für ihn eine Beute, die es zu jagen galt. Das führte zu einigen sehr peinlichen Situationen. Auch Mountainbiker erleiden dasselbe Schicksal. Je schneller sie sind, desto fröhlicher wird auf sie Jagd gemacht.

Motorräder, die mein Auto überholen, wenn ich die Hunde mitführe, entfachen eine wahre Hysterie. Aber auch im Haushalt werden Besen und Staubsauger verbellt und gejagt. Kurzum, alles was sich bewegt, ist für den Russell Terrier eine potenzielle Beute.

Einmal ausgewachsen, ist der Russell Terrier nicht unterzukriegen – er ist einfach unermüdlich! Ich habe achtstündige Bergtouren mit meinen Hunden gemacht; endlich zu Hause, wollten sie zum Ballspielen aufgefordert werden.

Schwimmen

Die meisten Parson und Jack Russells sind wie Seehunde und springen mit großer Freude in jedes Wasser, ob Bach, See oder Swimmingpool. Bei Letzterem muss man aufpassen, dass der Hund auch allein wieder hinaussteigen kann. Auch Kanäle mit betonierten Wänden können zur Gefahr werden.

Meine Hunde haben keine Schwierigkeiten, die Strömung der Donau zu meistern, und jeder Stock oder Ball wird mit Begeisterung aus dem Wasser apportiert. Die Begeisterung für dieses Spiel ist oft so groß, dass Russell Terrier dem Hundebesitzer beim Baden keine Ruhe lassen und immerfort weiterspielen wollen.

Reiten

Besonders Jack Russell Terrier sind oft in Reitställen anzutreffen. Abgesehen davon, dass sie diese frei von Mäusen und Ratten halten, können sie nach einer gewissen Zeit der Gewöhnung sehr gut mit Pferden auskommen.

Früher sind die Parson Russell Terrier mit den Foxhounds auf der Jagd zu Pferde mitgelaufen. Und auch heute noch sind sowohl der Parson Russell als auch der Jack Russell Terrier unermüdlich und in der Lage, auch bei längeren Ausritten mit den Pferden mitzuhalten.

Apportieren aus der Donau ist im Sommer eine ihrer Lieblingsbeschäftigungen.

Mehr Abwechslung

Gutes Benehmen

Kleine Übung SITZ

Nutzen Sie den täglichen Spaziergang für kleine Erziehungsübungen. Ein SITZ am Wegesrand, FUSS vorbei an Joggern oder sich verstecken und den Hund heranrufen. Es gibt viele Übungsmöglichkeiten, die Spaß machen und mehr Abwechslung bringen. Ganz nebenbei bekommen Sie einen gut erzogenen Hund.

Geschicklichkeit

Über Baum und Stein

Testen Sie die Geschicklichkeit Ihres Hundes und lassen Sie ihn über Baumstämme balancieren, über niedrige Hecken springen oder um Bäume herum Slalom laufen. Das fördert die Aufmerksamkeit und stärkt die Bindung.

Mit allen Sinnen

Buddeln nach Mäusen

Parsons und Jackies sind intelligente, aufgeweckte Burschen, mit einem sehr ausgeprägten Jagdtrieb. Geben Sie Ihrem Hund Gelegenheit, seinen Instinkt auszuleben – leiten Sie ihn jedoch bitte in die richtigen Bahnen. Anstatt im Fuchsbau zu verschwinden oder einen Jogger zu jagen, kann man das Buddeln nach Mäusen erlauben. Natürlich nur an Waldrändern oder Hecken (das Wirtschaftsgrünland sollte tabu sein).

auf Spaziergängen

Gefunden!
Leckerchen verstecken

Um die Jagdleidenschaft zu befriedigen, kann man auch Versteckspiele in den täglichen Spaziergang einbauen. Verstecken Sie ein Leckerchen oder das Lieblingsspielzeug unter einer Baumwurzel, in einer Astgabel usw. Helfen Sie Ihrem Hund beim Suchen, falls er es nicht finden sollte.

Wilde Spiele
Auf die Plätze ...

Jackies und Parsons sind schnell wie der Wind. Sie lieben Rennspiele, am liebsten mit Artgenossen. Sie müssen nicht gleich auf die Rennbahn gehen, wobei die Russell Terrier auch daran großen Spaß haben. Treffen Sie sich mit anderen Parson und Jack Russell Haltern und lassen Sie Ihre Hunde miteinander toben.

An heißen Tagen
Auf ins kühle Nass

Was gibt es Schöneres, als an einem heißen Tag ein Bad in einem See oder Fluss zu nehmen! Auch Russell Terrier lieben das Wasser – manchmal sind sie sogar für Wassersport zu begeistern.

Alle Russells eignen sich fürs Agility oder andere Sportarten.

Agility

Agility ist eine Sportart, für die der Russell Terrier prädestiniert ist. Sie ist für den Hund lustig, befriedigt seinen Bewegungsdrang, fordert seine Intelligenz, Ausdauer und Geschicklichkeit. Auch dem Hundeführer wird einiges abverlangt. Das Wort kommt aus dem Englischen und bedeutet Behändigkeit, Beweglichkeit, Flinkheit.

Hindernisparcours

Bei Agility wird ein Parcours von Hindernissen aufgebaut, der ähnlich wie bei einem Reitturnier fehlerfrei in der kürzestmöglichen Zeit bewältigt werden soll. Der Parcours besteht aus verschiedenen Hindernissen wie Tunneln, Hürden, Wippen, Rampen, Wänden, Slaloms, Autoreifen und Ähnlichem mehr, durch und über die der Hund springen und laufen muss.

Alle diese Übungen werden spielerisch geübt; es gibt während des Trainings bei jeder erfolgreich absolvierten Hürde eine Belohnung, und die meisten Russell Terrier haben dabei großen Spaß.

Einteilung in Klassen

Die Hunde, die Agility betreiben, werden nach ihrer Größe in drei Gruppen aufgeteilt: Small: bis 34,99 cm Widerristhöhe; Medium: 35 cm bis 42,99 cm, und Large: über 43 cm. Obwohl die kleinen Hunde meistens schneller sind als die großen, wird ihnen mehr Zeit gewährt als diesen.

> **Info Voraussetzungen**
> Wenn Sie und Ihr Hund den Welpenspielkurs und den Junghundekurs absolviert haben und Ihr Terrier SITZ, PLATZ, BLEIB und FUSS gemeistert hat, kann man mit dem bereits ausgewachsenen Hund mit dieser Sportart anfangen.

Abgesehen von den drei Größenklassen gibt es auch Klassen, die nach dem Können und den Leistungen der Hunde eingeteilt werden. Die Anfänger laufen in der Agility-1-Klasse. Nachdem man in dieser Klasse dreimal ein vorzügliches Ergebnis bei null Fehler-

Ob über Hürden, den Laufsteg oder wie hier durch den Tunnel – für Russells ist kein Hinderniss ein Problem.

punkten unter zwei verschiedenen Richtern erzielt hat, hat man das Recht, in die Agility-2-Klasse aufzusteigen. Diese Klasse ist schon viel schwieriger, und der Aufstieg in die Agility-3-Klasse erfolgt, wenn der Hund in drei verschiedenen A2-Prüfungen von zwei verschiedenen Richtern mit „vorzüglich" bewertet wurde, fehlerfrei war und einen der ersten drei Plätze bei mindestens 4 Teilnehmern errungen hat. Die nächste Klasse, Agility 3, ist schon für absolute Spitzenhunde. Es gibt auch offene Wettbewerbe, in welchen A1-, A2- und A3-Hunde gemeinsam antreten können, sowie eine Oldieklasse für Hunde, die das 6. Lebensjahr vollendet haben.

Agilityturniere

Die Turniere sind meistens sehr spannend, es herrscht großer Ehrgeiz bei den Hundehaltern, und wie bei jeder Aktivität mit Hunden kann sich die Nervosität des Menschen auf den Hund übertragen. Leider wird oft herumgebrüllt, es werden in der Hitze des Gefechts falsche Zeichen gegeben, und der Hund macht einen Fehler.

Das kann vermieden werden, indem man mit seinem Hund mindestens zweimal wöchentlich übt, beim Turnier ruhig Blut bewahrt und vor allem an das olympische Motto denkt: „Dabei sein ist alles!" Wenn man nicht unbedingt gewinnen will und seinen Hund nicht überfordert, wird die Leistung immer besser werden.

In diesem Hundesport hat der Trainer eine wichtige Funktion, da er sowohl den Hundehalter als auch den Hund unterrichten muss. Die Hör- und Handzeichen müssen richtig eingesetzt werden, sodass keine Missverständnisse beim Hund auftreten, und er soll dafür sorgen, dass Hund und Besitzer motiviert sind und es bleiben. Der Trainer sollte daher ein Menschen- und Hundepsychologe sein, und es sollte ihm sehr wichtig sein, dass alle immer Spaß bei diesem spannenden Sport haben.

Nicht nur Tempo, auch Verlässlichkeit ist bei Flyball wichtig

Flyball

Flyball ist eine Hundesportart, die ca. 1990 von Amerika nach England und dann weiter nach Mitteleuropa gekommen ist. Flyball besteht aus vier Hürden, die in einer Reihe aufgestellt sind, und einer Flyballmaschine. Der Hund versucht beim Flyball möglichst schnell über die vier Hürden zur Flyballmaschine zu gelangen, den Auslösetaster der Flyballmaschine zu betätigen, den Ball zu fangen und möglichst schnell mit dem Ball über die vier Hürden zurück ins Ziel zu kommen. Flyball wird meist als Mannschaftslauf (Staffel) parallel auf zwei Bahnen im K.-o.-System sowie in manchen Ländern als Einzelbewerb ausgetragen. Aufgrund der Schnelligkeit dieses Wettbewerbs ist Flyball ideal auch für Zuschauer.

Rettungshunde

Nicht zu unterschätzen sind die Leistungen von Parsons und Jackies als Rettungshunde. Als Bauhunde können sie besser kleinere Zwischenräume bei Erdbeben oder Explosionen absuchen als die üblichen, für diese Arbeit trainierten Rassen.

Begleithundeprüfung

Eine Begleithundeprüfung ist mit dem Russell Terrier durchaus zu bestehen, aber vergessen Sie nicht, dass Sie ihn nicht mit einem Deutschen Schäferhund oder mit einem Rottweiler vergleichen können. Er hat ein ganz anderes Wesen, ist flinker, lebhafter und selbstständiger. Sie müssen diese Eigenschaften unterstützen, statt seinen Willen zu brechen.

In einem Hunderassenführer ist über die Russell Terrier nachzulesen, dass es zwei Jahre dauert, bis der Hund erzogen ist, dass er auch dann nur seinem Menschen folgt, und dass diese Rasse überhaupt nur für Marathonläufer geeignet ist. Diese Beschreibung ist sehr witzig, aber sie stimmt nur zum Teil, denn mit der nötigen Konsequenz, viel Lob und vielen Belohnungen kann man auch aus den Russell Terriern durchaus folgsame Hunde machen. Man muss sie nur davon überzeugen, dass sich das Folgen für sie lohnt und dass es lustig ist.

Voraussetzung für einen gut erzogenen, folgsamen Russell ist, dass er immer genug Bewegung bekommt.

Begleithundeprüfung

Erlass der Hundesteuer
Einige Gemeinden, wie zum Beispiel die Stadt Wien, erlassen die jährliche Hundesteuer, wenn der Hund eine BHA-Prüfung vorweisen kann. Diese Prüfung ähnelt der Begleithunde-1-Prüfung (SITZ, PLATZ, BLEIB, FUSS und KOMM), aber der Hund darf an der Leine geführt werden.

Es gibt auch einen „Hundeführerschein", der nicht nur den Hund, sondern auch die Kompetenz des Hundehalters prüft. Auch diese bestandene Prüfung bedingt den Erlass der Hundesteuer für ein Jahr.

Das Ziel ist nicht mehr weit!

Hundeausstellungen

Um beurteilen zu können, wie seine Zucht sich mit anderen vergleichen lässt, wird es Ihren Züchter freuen, wenn Sie mit Ihrem Hund Ausstellungen besuchen. Vielleicht waren Sie schon, bevor Sie Ihren Terrier kauften, als Zuschauer bei einer Ausstellung und haben beobachtet, was dort vorgeht. Sie werden gesehen haben, dass das Vorführen (das sogeannte Handling) eines Hundes sehr viel zu seiner guten Bewertung beitragen kann. Ein gutes Handling bedeutet für Hund und Halter sehr viel Übung.

hineinschaut, um die Zähne zu kontrollieren. Der Hundebesitzer muss in der Lage sein, die Aufmerksamkeit seines Hundes, während er im Ring ist, auf sich zu lenken und zu halten. Dazu ist ein Leckerbissen oder ein Quietschspielzeug in der Tasche nützlich. Parson und Jack Russell Terrier sind sehr lebhaft und leicht abgelenkt, aber Übung – schon ab dem Welpenalter – macht den Meister.

Verschiedene Schauen
Es gibt laut FCI-Reglement verschiedene Ausstellungen, bei denen Titel erworben werden können.

Eine glatthaarige Parson Russell Terrier Hündin klassischen Typs zeigt sich von ihrer besten Seite.

Erkundigen Sie sich bei Ihrem Klub, wo es Ringtrainings gibt. Jeder Hundekurs, bei dem Ihr Hund mit anderen zusammenkommt, ist hilfreich. Das Gehen an der lockeren Leine muss geübt werden. Der Hund muss lernen, ruhig und gelassen auf einem Tisch oder am Boden zu stehen, um sich untersuchen und begutachten zu lassen. Er muss es dulden, wenn der Richter in sein Maul

Bei internationalen und nationalen Ausstellungen, die unter dem Schutz von VDH, ÖKV bzw. SKG stehen, sowie bei den vom Vorstand des VDH, ÖKV bzw. SKG diesbezüglich geschützten Zuchtschauen (sogenannte Klubsiegerschauen) kann die Anwartschaft auf das nationale Championat für Schönheit (Certificat d'Aptitude au Championnat de Beauté) ausgeschrieben werden.

> **Info** | **Bewertungen**
> Vorzüglich (V)
> Sehr gut (Sg)
> Gut
> Genügend

Bewertungen

Es gibt laut FCI-Reglement Formwertnoten, die auf allen Ausstellungen dieselben sind. Jeder Hund bekommt vom Richter eine geschriebene Bewertung und eine Formwertnote. Die besten Hunde erhalten den Formwert „Vorzüglich". Das bedeutet, dass diese Hunde dem Rassestandard am ähnlichsten sind, dass sie ein gutes Wesen haben, in ausgezeichneter Verfassung sind und dass sie gut präsentiert wurden. „Sehr gut" erhält ein Hund, der dem Rassestandard entspricht, aber einige kleine Abweichungen hat. „Gut" erhält ein Hund, der noch dem Rassestandard entspricht, die Hauptmerkmale seiner Rasse besitzt, aber Fehler aufweist. „Genügend" erhält ein Hund, der dem Rassetyp genügend entspricht, aber dessen körperliche Verfassung zu wünschen übrig lässt und der keine besonderen Eigenschaften besitzt.

Ablauf

Um den Besuch einer Ausstellung so angenehm wie möglich zu machen, sollten Sie rechtzeitig am Gelände ankommen, den Impfpass, Anmeldeschein und Zahlungsbeleg nicht vergessen und eine Hundebox samt Decke und Wasserschüssel sowie einen Klappstuhl mitbringen. Sie werden eine Vorführleine brauchen, und Sie haben selbstverständlich Ihren Hund getrimmt und in eine makellose Ausstellungskondition gebracht. Danach kann nichts mehr schiefgehen, wenn Sie und Ihr Hund gelassen und ganz ohne Nervosität im Ring Ihre Runden drehen.

Natürlich möchte jeder ein gutes Ergebnis auf Ausstellungen erzielen. Doch trotzdem sollte die Freude an diesen Veranstaltungen im Vordergrund stehen. Sehen Sie es sportlich und seien Sie fair gegenüber anderen Teilnehmern.

Sie können nach dem Richten die Formwertnote mit dem Richter besprechen, wenn irgendetwas unklar ist. Versuchen Sie niemals, mit dem Richter zu streiten. Sein Urteil ist unanfechtbar, und er wird Ihnen seine Gründe für die Benotung sicher erklären.

Egal was der Richter sagt, der eigene Hund ist immer der schönste und beste.

Mit dem Russell auf Reisen

Da Jack Russell Terrier und auch Parsons relativ kleine Hunde sind, kann man sie bei den meisten Fluglinien mit in die Kabine nehmen, wenn man eine dazu geeignete Transportbox hat (erkundigen Sie sich rechtzeitig bei Ihrer Fluglinie).

Urlaubsbetreuung

Obwohl der Russell Terrier sehr anpassungsfähig ist, finde ich es vernünftiger, ihn nicht in tropische Länder mitzunehmen. Das heimische Impfprogramm schützt nicht gegen alle Infektionskrankheiten, die es in diesen Ländern gibt.

Der Hund fühlt sich bei Freunden oder in einer guten Hundepension viel wohler als bei Extremtemperaturen in exotischen Ländern. Fragen Sie ggf. auch den Züchter, ob er Ihren Hund in Urlaubspflege nimmt.

> **Tipp | Einreisebestimmung**
> Die jeweils gültigen Einreise- und Impfbestimmungen des Urlaubslandes können Sie bei der Botschaft, dem ADAC oder Ihrem Tierarzt erfragen.

Urlaub mit Hund

Keine Probleme hingegen bietet ein Urlaub im eigenen Land oder auch europaweit. Die meisten Hotels sind hundefreundlich, und nur einzelne verlangen einen kleinen Aufpreis. Erkundigen Sie sich bereits während der Buchung danach.

Ich habe es in Frankreich sogar erlebt, dass jeder meiner Hunde eine kleine Tasche mit Futter, einer Futterschüssel und einer Nylonleine als Geschenk bekam.

Hundebox und Futter

Es ist immer ratsam, die gewohnte Hundebox samt Decke und das gewohnte Futter mitzunehmen. Das Wort „gewohnt" wird hier bewusst zweimal eingesetzt, denn dieses trägt zum Wohlbefinden Ihres Hundes auf Reisen bei, egal ob im Flugzeug, in der Bahn oder im Auto. Ein wesensfester, gut sozialisierter und gut erzogener Hund ist ein angenehmer Reisebegleiter. Bei Mahlzeiten im Hotel ist es sinnvoll, den Hund in seiner Box im Zimmer zu lassen und seine Fütterungszeiten im Großen und Ganzen einzuhalten.

Falls Sie im Sommer im Auto verreisen, versuchen Sie frühmorgens oder abends zu fahren und nicht tagsüber in der größten Hitze. Geben Sie dem Hund ausreichend Gelegenheit, sich zu bewegen und zu lösen, und halten Sie unterwegs immer frisches Wasser für ihn bereit.

> **Tipp | Reisegepäck**
> - Futter- und Wassernapf
> - Gewohntes Futter
> - Leine und Halsband mit Adressanhänger
> - Spielzeug
> - Decke oder Körbchen, Box
> - Kamm, Bürste, Zeckenzange
> - Maulkorb
> - Impfpass
> - Reiseapotheke mit Verbandszeug, Durchfallmittel, Tabletten gegen Reisekrankheit und ggf. benötigten Medikamenten

Die meisten Russell Terrier legen sich im Auto oder in der Bahn einfach hin und schlafen. Die ganzen Ablenkungen, die es im Stadtverkehr gibt, werden auf der Autobahn nicht beachtet, was das Fahren langer Strecken deutlich angenehmer macht.

Gipfelstürmer!

Service

Nützliche Adressen

Klub für Terrier e. V.
Schöne Aussicht 9
D-65451 Kelsterbach
Tel.: 06107-7579-0
Fax: 06107-75 79-28
info@kft-online.de
www.kft-online.de

Parson Russell Terrier Club
Deutschland e. V.
Geschäftsstelle Heike Schöngen
Markstr. 33
D-52477 Alsdorf, Deutschland
Tel.: 02404-55 8946
Fax: 02404-558947
www.parsonjackrussell.de

Parson und Jack Russell Terrier Club
(ÖKV/FCI)
Geschäftsstelle Andrea Konrad
Hagedornweg 2/16
A-1220 Wien
Tel.: 0043(0)699-10696 451
www.pjrt.at
welpenvermittlung@pjrt.at

Russell Terrier Club Schweiz
Welpenvermittlung
Dr. med. vet. Jörg Willi
Horwerstr. 6
CH-6005 Luzern
Tel.: 0041(0)41-3103 218
welpenvermittlung@russellterrierclub.ch
www.russellterrierclub.ch

Fédération Cynologique Internationale
(FCI)
Place Albert 1er, 13
B – 6530 Thuin
Tel.: ++32 71 59 12 38
Fax: ++32 71 59 22 29
info@fci.be
www.fci.be

Verband für das Deutsche Hundewesen
(VDH)
Westfalendamm 174
D – 44141 Dortmund
Tel.: 0231-56 50 00
Fax: 0231-59 24 40
info@vdh.de
www.vdh.de

Österreichischer Kynologenverband (ÖKV)
Siegfried-Marcus-Str. 7
A – 2362 Biedermannsdorf
Tel.: ++43 (0) 22 36 710 667
Fax: ++43 (0) 22 36 710 667 30
office@oekv.at
www.oekv.at

Schweizerische Kynologische Gesellschaft
(SKG)
Länggassstr. 8
CH – 3012 Bern
Tel.: ++41(0)31 306 62 62
Fax: ++41(0)31 306 62 60
skg@hundeweb.org
www.hundeweb.org

Zum Weiterlesen

Erziehung leicht gemacht

Blenski, Christiane: **Das lernt mein Hund.** Kosmos 2008

Fichtlmeier, Anton: **Grunderziehung für Welpen.** Kosmos 2005

Fichtlmeier, Anton: **Der Hund an der Leine.** Kosmos 2007

Führmann, Petra; Nicole Hoefs & Iris Franzke: **Kleine Hunde – große Freunde.** Kosmos 2008

Führmann, Petra, Nicole Hoefs & Iris Franzke: **Das Kosmos-Erziehungsprogramm für Hunde.** Kosmos 2007

Führmann, Petra, Nicole Hoefs & Iris Franzke: **Die Kosmos-Welpenschule.** Kosmos 2008

Pryor, Karen: **Positiv bestärken, sanft erziehen.** Kosmos 2006

Schöning, Dr. Barbara u.a.: **Hilfe, mein Hund jagt.** Kosmos 2007

Winkler, Sabine: **Welpenkindergarten.** Kosmos 2008

Hunde sinnvoll beschäftigen

Blenski, Christiane: **Hundespiele.** Kosmos 2007

Büttner-Vogt, Inge: **Spiel & Spaß mit Hund.** Kosmos 2008

Lübbe-Scheuermann, Ulrike Thurau: **Das Kosmos-Buch vom Apportieren.** Kosmos 2007

Hunde verstehen

Bloch, Günther: **Der Wolf im Hundepelz.** Kosmos 2004

Bloch, Günther: **Die Pizza-Hunde.** Kosmos 2007

Donaldson, Jean: **Hunde sind anders ... Menschen auch.** Kosmos 2000

Feddersen, Dr. Dorit-Urd: **Hundepsychologie.** Kosmos 2004

Rugaas, Turid: **Calming Signals.** animal learn 2001

Schöning, Dr. Barbara: **Hundeverhalten.** Kosmos 2008

Gesund durchs Hundeleben

Biber, Dr. Vera: **Allergien beim Hund.** Kosmos 2006

Bucksch, Dr. Martin: **Ernährungsratgeber für Hunde.** Kosmos 2008

Krautwurst, Dr. Friedmar: **1 x 1 der Hundeernährung.** Kynos 2000

Narath, Dr. Elke: **Massage für Hunde.** Kosmos 2004

Niepel, Dr. Gabriele: **Kastration beim Hund.** Kosmos 2007

Rakow, Barbara: **Homöopathie für Hunde.** Kosmos 2006

Rustige, Dr. Barbara: **Hundekrankheiten.** Stuttgart 1999

Tellington-Jones, Linda: **Tellington Training für Hunde.** Kosmos 1999

Hunde erfolgreich züchten

Eichelberg, Dr. Helga (Hrsg.): **Hundezucht.** Kosmos 2006

Hansen, Inge: **Vererbung beim Hund.** Müller Rüscklikon 2008

Krautwurst, Dr. Friedmar: **Praktische Genetik für Hundezüchter.** Kynos 2002

Zum Schmökern und Schmunzeln

Hoefs, N. & P. Führmann: **Was liest der Hund am Laternenpfahl?** Kosmos 2007

Weiershausen, Anja: **Populäre Irrtümer über Hunde.** Kosmos 2007

Wines, J. A.: **Kosmos Hunde-Sammelsurium.** Kosmos 2008

Service

Kleines Lexikon

Abzeichen   Alle regelmäßigen oder unregelmäßigen Flecken und Farbverschiebungen im Fell. Beim Parson und Jack Russell sollten sie auf Kopf und Rutenansatz beschränkt sein.

Agility   Geschicklichkeitssport

Ahnentafel   Ein vom Zuchtbuchamt ausgestelltes Dokument, ein Abstammungsnachweis mit Name, Wurftag, Zuchtbuchnummer, Elterntiere und Züchternachweis.

Analbeutel   Sie produzieren ein Sekret, das über die Drüsengänge in den Anus gelangt.

Apportieren   Aufnehmen und Herantragen von Gegenständen.

Ballen   Rundliches elastisches Bindegewebe. Die Ballen sind Teil der Pfoten.

Broken Coated   Haarkleid zwischen rau und glatt.

Buschieren   Suche nach Wild in unübersichtlichem Buschwerk vor dem Schuss.

Domestikation   Haustierwerdung von Wildtieren und Züchtungen zum Nutzen und für die Gesellschaft des Menschen.

Duftmarken   Urinmarken, mit denen der Hund sein Revier kennzeichnet.

Ektropium   Umstülpung des Lidrandes nach außen.

Entropium   Einwärtsstülpung des Lidrandes gegen den Augapfel.

Fang   Teil des Kopfes; Schnauze, Gebiss des Hundes.

Fersenbeinhöcker   Sprunggelenksknochen

Flanken   Weichteile zwischen Rippen und Keule.

Gehör   Beim Hund sehr gut entwickelt; steht an zweiter Stelle nach dem Geruchssinn. Vor allem hohe Töne, die das menschliche Ohr nicht mehr wahrnehmen kann, hört der Hund noch.

Geruchssinn   Bestentwickelter Sinn des Hundes; kann bei manchen Rassen enorm ausgeprägt sein und unersetzliche Dienste leisten

Kippohr   Aufrecht stehendes Ohr mit nach vorne kippender Spitze (z. B. Collie), beim Parson und Jack Russell Terrier gilt es als Fehler.

Knopfohr Hoch angesetztes, nach vorne fallendes, am Kopf dicht anliegendes Ohr.

Meute Familienverband; zu jagdlichen Zwecken gehaltene, große Anzahl von Hunden (Foxhounds, Beagles).

Molaren Hintere Backenzähne

Prägung Aktives Kennenlernen der Umwelt durch die Welpen in der Prägungsphase, die mit dem Einsetzen der Funktionstüchtigkeit der Sinnesorgane beginnt.

Raubzeugscharf Jagdhunde und Terrier mit starkem Trieb, Raubzeug zu stellen.

Rauhaar Dichtes, kurzes, harsches Haar mit Bart.

Rüde Männlicher Hund

Rückbiss Die sechs Schneidezähne des Unterkiefers stehen so hinter denen des Oberkiefers, dass ein Gebissschluss in Form eines Scherengebisses offensichtlich nicht mehr gegeben ist.

Scherengebiss Die regelmäßig und senkrecht im Oberkiefer stehenden sechs Schneidezähne überlappen ohne Zwischenraum die ebenso stehenden sechs Schneidezähne des Unterkiefers.

Sichtlaut Hetzlaut des Hundes, der das Wild sieht und verfolgt.

Spurlaut Hetzlaut des Hundes, der bellend eine Spur verfolgt, ohne das Wild zu sehen.

Standard Offiziell festgelegte Beschreibung einer Rasse in Anatomie und Wesen.

Tricolour Dreifarbig, weiß mit schwarzen und braunen Flecken.

Trimmen Ausrupfen der abgestorbenen Haare, um eine gleichmäßige, vom Standard vorgeschriebene Form des Hundes zu erhalten.

Unterwolle Weiche, dichte, meist kurze, feine Haare, die der Wärmeisolierung des Fells dienen.

Vorbiss Die sechs Schneidezähne des Unterkiefers stehen vor denen des Oberkiefers.

Welpe Ein Hund im Alter bis ca. zum vierten Lebensmonat (16. Woche).

Winternase Nasenschwamm, der im Winter nicht schwarz, sondern braun ist.

Wurf Alle Welpen einer Hündin bei einer Geburt.

Zangenbiss Alle sechs Schneidezähne des Oberkiefers beißen auf die sechs Schneidezähne des Unterkiefers.

Zucht Gezielte Verpaarung von Rüde und Hündin mit der Absicht, Welpen mit den erwünschten Eigenschaften der Eltern zu erhalten.

Register

Agility 108 f.
Ahnentafel 23 f.
Akustische Signale 92
Alleinbleiben 36
Alternative Heilmethoden 72
Analdrüsen 59
Anerkennung der Rassen 13
Anleinen 95
Anzahl der Mahlzeiten 46
Appetitlosigkeit 63
Apportieren 102 f.
Arthritis 70
Aufgaben des Züchters 26 f.
Augenerkrankungen 23, 58, 63, 71
Aujeszky`sche Krankheit 48
Ausdrucksmöglichkeiten 80
Auswahl des Welpen 24 f.
Autofahren 96

Bakterien 58
Bandwürmer 68
BARF 48
Begleithundeprüfung 110 f.
Begrüßungsverhalten 81
Belohnung 88
Betteln 51
Bewegung 16
Bewusstlosigkeit 75
Bindung stärken 33
Borreliose 66
Broken coated 53 f.
Bronchitis 63

Darmparasiten 66 ff.
Diabetes 45
Duftdrüsen 59
Durchfall 50 f., 63

Einkaufsliste 33
Einreisebestimmungen 114
Ektoparasiten 66
Endoparasiten 66, 68
Entwurmung 68
Erbrechen 63

Ergänzungsfutter 47
Ernährung 42 ff.
Erste Hilfe 74 ff.
Erstimpfung 62
Erwünschtes Verhalten 88 f.
Erziehung 16, 78 ff.
EU-Impfpass 65

Fahrradfahren 104
Fastentag 49 f.
Fellpflege 53
Fertigfutter 46 f.
Fieber 63
Flöhe 66 f.
Flüssigkeitsbedarf 45
Flyball 110
Freizeitpartner 98 ff.
FSME 66
Fuchsbandwurm, kleiner 67
Futterarten 46 ff.
Futtermenge 46
Futterumstellung 28, 44
Fütterungshinweise 51
Fütterungszeiten 46, 115
Futterzusammenstellung 49

Gebisspflege 59
Gefahrenquellen 74
Gelenkabnutzung 35, 70
Geruchssinn 80, 84
Geschmackssinn 85
Gesundheit 60 ff.
Glatthaar 53 f.
Grasmilben 58
Grundausstattung 28 ff.
Grundimmunisierung 61

Haftpflichtversicherung 38 f.
Hakenwürmer 68
Haltungsbedingungen 23 f.
Hausapotheke 74
Hautparasiten 66
Hepatitis 63
Hitzschlag 76
Hundeausstellungen 112 f.

Hundebegegnungen 77
Hundebisse 74
Hundebox 30, 36, 96, 115
Hundeerziehung 86
Hundeführerschein 111
Hundegitter 96
Hundepension 114
Hundesteuer 39, 111
Hundeverhalten 79

Immunitätslücke 62
Impfausweis 28, 65
Impfungen 28, 62 ff.
Imponiergehabe 74
Instrumentelle Konditionierung 82
Inzucht 23

Jack Russell Terrier 11 ff.
Jagd 100 ff.
Jagdtrieb 37

Kastration 69
Katarakt 71
Kaufvertrag 28
Kauknochen 31, 50
Knochenbrüche 75
Knochenveränderung 46, 71
Kolostralmilch 62
Kommunikation 81
Konsequenz 82
Kontrolle der Ballen 58
Körpersprache 80
Krallenpflege 58
Krankenversicherung 38

Lähmungen 65
Lautsprache 80, 92
Leberschäden 63
Legg-Calvé-Perthes 71
Leinenführigkeit 29, 94 f.
Leinenpflicht 39
Leptospirose 63
Lernphasen 82 f.
Lightfutter 51
Linsenluxation 71
Lungenentzündung 63

Markieren 81, 84
Maulkorbpflicht 39
Medikamenteneingabe 72
Mikrochip 28, 65
Milben 58, 67
Mimik 80
Mineralstoffe 44
Missbildungen 47
Mundwinkellecken 81
Nährstoffbedarf 44
Nahrungsmittel, ungeeignete 50
Nassfutter 46 f.
Nierenschäden 50, 63
Notfälle 77
Ohrenpflege 58

Parson Russell Terrier 5 ff.
Parvovirose 62 f.
Patella Luxation 23, 70 f.
Peitschenwürmer 68
Pflanzen, giftige 31, 76
Pflege 52 ff.
Pflege-Checkliste 59
Positive Verstärkung 82
Prägungsphase 24, 40
Pseudotollwut 48

Rangordnung 41, 81
Rassespezifische Erkrankungen 70
Räude 67
Rauhaar 53 f.
Reisen 114 f.
Reiten 105
Rettungshunde 110
Riechen 84
Rohfütterung 48
Rudelordnungsphase 41
Ruhepausen 36

Schlafplatz 32 f.
Schlittenfahren 59
Schmerzempfinden 85
Schwimmen 105
Sealyham Terrier 11
Sehvermögen 85
Selbstgekochtes 48

Sicherheitsvorkehrungen 31, 77
Signale 88 f., 97
Sinnesleistungen 84 f.
Sozialisierungsphase 40
Spaziergänge gestalten 104 ff.
Spielzeug 31
Sportliche Aktivitäten 104 f.
Spulwürmer 68
Spurenelemente 44
Staupe 63
Straßenverkehr 74, 77
Stubenreinheit 34 f.

Tänien 68
Taubheit 71
Tierarztbesuche 73
Titerbestimmung 65
Tollwut 65
Transportbox 114
Trennungsangst 33
Trimmen 54 ff.
Trockenfutter 46 f.

Übergangsphase 40
Übergewicht 49 f.
Übungszeiten 89
Umweltgewöhnung 39
Unterwürfigkeitsmerkmal 81
Urlaub 114 f.

Verdauungsstörungen 28, 44, 51
Vergiftungen 76
Verhalten fördern 82
Versicherung 38
Verständigungsrepertoire 80
Verstopfung 50
Vitamine 44

Wachstumsstörungen 47
Wahl des Züchters 22 ff.
Wasser 45
Welpen-Check 29
Welpenfutter 45
Welpentreffen 36 ff.
Wesen 16
Wesenstest 100
Wiederholungsimpfungen 64 f.
Würmer 68

Zahnpflege 59
Zahnwechsel 96
Zecken 66
Zeit zum Lösen 34
Ziehen an der Leine 95
Ziele der Hundehaltung 28
Zoonose 67 f.
Zucht 80
Zuchtbuchöffnung 14
Züchterbesuch 23 f.
Zwingerhusten 65

Bildnachweis

60 Farbfotos wurden von Sabine Stuewer/Kosmos für dieses Buch aufgenommen (Parson Russells aus dem Zwinger „vom Mahdenwald"). (www.stuewer-tierfoto.de).

Weitere Farbfotos von Karin Mutzbauer (56: S. 6, 7, 10, 26, 27 mi., 27re., 28, 29, 33, 34, 35, 36, 41, 48, 50, 51, 59, 64, 67, 68, 70, 71, 72, 73, 74, 75, 77 u., 84, 85 re., 100, 101, 106, 107, 112, 113, 118, 119, 120, 121, 123), Dorothea Penižek (34: S. 11, 14, 15, 19, 27 li., 40, 54, 55, 56, 57, 62, 69, 77 o./mi., 105, 108, 109, 110, 111, 114, 115, 117, 126), Sabine Stuewer (20: 17, 18, 20, 21, 23, 24, 32, 37, 52, 53, 58, 69, 76, 80, 81, 85 re., 118, 128), (17: S. 8, 9, 12, 13, 14, 15, 49 u., 66, 118), Christof Salata/Kosmos (6: S. 77ganz unten, 87, 104), Verena Scholze/Kosmos (3: S. 44, 49) und Vivien Venzke/Kosmos (2: S. 60, 61).
Farbzeichnung von Christiane Glanz (1: S. 66).

Impressum

Umschlaggestaltung von eStudio Calamar unter Verwendung von vier Farbfotos von Sabine Stuewer.

Mit 188 Farbfotos und einer Farbzeichnung.

Alle Angaben in diesem Buch erfolgen nach bestem Wissen und Gewissen. Sorgfalt bei der Umsetzung ist indes dennoch geboten. Autorin und Verlag übernehmen keinerlei Haftung für Personen-, Sach- und Vermögensschäden, die aus der Anwendung der vorgestellten Materialien und Methoden entstehen können.

Unser gesamtes lieferbares Programm und viele weitere Informationen zu unseren Büchern, Spielen, Experimentierkästen, DVDs, Autoren und Aktivitäten finden Sie unter **www.kosmos.de**

Gedruckt auf chlorfrei gebleichtem Papier

© 2008, Franckh-Kosmos Verlags-GmbH & Co. KG, Stuttgart
Alle Rechte vorbehalten
ISBN 978-3-440-11179-6
Redaktion: Hilke Heinemann
Gestaltungskonzept: eStudio Calamar
Gestaltung und Satz: akuSatz, Stuttgart
Produktion: Eva Schmidt
Printed in Germany/Imprimé en Allemagne

Der KOSMOS-Verlag ist Mitglied in der Gesellschaft zur Förderung Kynologischer Forschung e.V.
www.gkf-bonn.de

KOSMOS.
Mehr wissen. Mehr erleben.

Prägung und Erziehung

Wenn der Welpe mit 8 bis 12 Wochen zu seinen neuen Besitzern kommt, befindet er sich in der Lebensphase, in der er am lernfähigsten ist und in der er möglichst alles kennenlernen sollte, was ihm in seinem späteren Leben begegnen könnte. Zudem braucht er Kontakte zu anderen Hunden, um hundliches Sozialverhalten zu lernen. Sabine Winkler beschreibt, was in dieser Zeit wichtig ist, woran man eine gute Welpengruppe erkennt und wie man Welpenspieltage richtig organisiert.

Sabine Winkler | **Welpenkindergarten**
128 S., 207 Abb., €/D 12,95
ISBN 978-3-440-11232-8

Verhalten verstehen, Körpersprache deuten

Barbara Schöning erklärt die ererbten und erworbenen Verhaltensweisen unserer vierbeinigen Freunde so anschaulich, dass jeder, der dieses Buch gelesen hat, seinen Hund besser verstehen lernt und auf sein Verhalten richtig reagieren kann. Dies ist der erste Schritt, um Probleme gar nicht erst entstehen zu lassen.

Barbara Schöning | **Hundeverhalten**
128 S., 198 Abb., €/D 12,95
ISBN 978-3-440-11181-9

kosmos.de/hunde

Rassestandard Jack Russell Terrier

FCI-Standard Nr. 345 / 09.08.2004 / D
Übersetzung: **Elke Peper**
Ursprung: **England**
Entwicklung: **Australien**
Datum der Publikation des gültigen Originalstandards: **25.10.2000**
Verwendung: **Ein guter Arbeitsterrier mit der Fähigkeit, einzuschliefen; ausgezeichneter Begleithund.**
Klassifikation FCI: **Gruppe 3 Terrier Sektion 2 Niederläufige Terrier. Mit Arbeitsprüfung**

Geschichtlicher Abriss

Der Jack Russell Terrier entstand in den Jahren nach 1800 in England dank der Bemühungen des Reverend John Russell. Er entwickelte eine Linie von Fox Terriern, die mit seinen Fox Hounds laufen und unterirdisch Füchse aus ihren Bauten sprengen konnten.
Es entwickelten sich zwei Varietäten mit ähnlichen Standards, jedoch einigen Unterschieden, vor allem in der Größe und den Proportionen. Der größere, etwas quadratischer gebaute Hund ist als der „Parson Russell Terrier" bekannt, der kleinere, etwas länger proportionierte Hund ist der „Jack Russell Terrier".

Allgemeines Erscheinungsbild

Ein kräftiger, lebhafter und geschmeidiger Arbeitsterrier mit gutem Charakter und beweglichem, mittellangem Gebäude.
Seine flinken Bewegungen unterstreichen seinen durchdringenden, eifrigen Ausdruck. Das Kupieren der Rute ist freigestellt; er kann glatt-, rau- oder stichelhaarig sein.

Wichtige Proportionen

- Der Hund ist insgesamt länger als hoch.
- Die Tiefe des Körpers vom Widerrist bis zur Unterseite des vorderen Brustkorbs sollte gleich der Länge der Vorderläufe vom Ellenbogen bis zum Boden sein.
- Der Umfang des Brustkorbs unmittelbar hinter den Ellenbogen sollte ca. 40 bis 43 cm betragen.

Verhalten / Charakter (Wesen)

Ein lebhafter, wachsamer, aktiver Terrier mit durchdringendem, intelligentem Ausdruck. Kühn und furchtlos, freundlich mit ruhigem Selbstvertrauen.

Oberkopf

Schädel: Der Schädel sollte flach und mäßig breit sein, allmählich zu den Augen hin schmaler werden und sich zu einem breiten Vorgesicht verjüngen.
Stop: Gut ausgeprägt, aber nicht zu stark betont.

Gesichtsschädel
Nasenschwamm: Schwarz.
Fang: Die Länge des Fangs vom Stop bis zur Nase sollte etwas kürzer sein als die vom Stop zum Hinterhauptstachel.
Lefzen: Straff anliegend und schwarz pigmentiert.
Kiefer/Zähne: Sehr stark, tief, breit und kraftvoll. Kräftige Zähne mit Scherenschluss.
Augen: Klein, dunkel, mit durchdringendem Ausdruck. Dürfen keinesfalls vorstehen, und die Augenlider sollten straff anliegen. Die Lidränder sollten schwarz pigmentiert sein. Mandelförmig.
Ohren: Sehr bewegliche Knopf- oder Hängeohren von guter Textur des Ohrleders.
Backen: Backenmuskulatur gut entwickelt.

Hals
Kräftig und klar umrissen, den Kopf in aufrechter Haltung tragend.

Körper
Allgemein: Rechteckig.
Rücken: Gerade. Die Länge vom Widerrist bis zum Rutenansatz übertrifft etwas die Widerristhöhe.
Lendenpartie: Kurz, kräftig und bis tief hinunter ausgeprägt bemuskelt.
Brust: Eher tief als breit, mit gutem Bodenabstand, wobei das Brustbein sich in der Mitte zwischen dem Boden und dem Widerrist befindet. Die Rippen sollten am Ansatz der Wirbelsäule gut gewölbt sein und zu den Seiten hin flacher werden, so dass der Brustkorb hinter den Ellenbogen mit zwei Händen umspannt werden kann – im Umfang ungefähr 40 bis 43 cm.
Brustbein: Die Brustbeinspitze ist deutlich vor dem Buggelenk platziert.

Rute
Darf in der Ruhe herabhängen, sollte in der Bewegung aufrecht getragen werden. Wenn kupiert, reicht die Rutenspitze bis zur Höhe der Ohren.

Gliedmaßen
Vorderhand
Schultern: Gut zurückliegend, nicht mit Muskeln überladen.
Vorderläufe: Gerade Knochen von den Ellenbogen bis zu den Zehen, sowohl von vorn als auch von der Seite gesehen.
Oberarm: Von angemessener Länge und Winkelung, so dass die Ellenbogen gut unter dem Körper platziert sind.

Hinterhand: Kräftig und muskulös, in ausgewogenem Verhältnis zu den Schultern stehend.
Kniegelenk: Gut gewinkelt.
Hintermittelfuß: Im freien Stand von hinten gesehen parallel.
Sprunggelenk: Tief stehend.

Pfoten
Rund, mit harten Ballen, nicht groß, mäßig gewölbte Zehen; weder nach innen noch nach außen gestellt.

Gangwerk / Bewegung
Geradlinig, frei und federnd.

Haarkleid
Haar: Kann glatt-, rau- oder stichelhaarig sein. Muss wetterfest sein. Das Haar sollte nicht verändert (gezupft) werden, um es glatt- oder stichelhaarig wirken zu lassen.
Farbe: Weiß muss vorherrschen mit schwarzen und/oder lohfarbenen Abzeichen in allen Schattierungen vom hellsten bis hin zum sattesten Loh (Kastanienbraun).

Größe und Gewicht
Ideale Widerristhöhe: 25 cm (10 Inch) bis 30 cm (12 Inch).
Gewicht: Jeweils 1 kg pro 5 cm Widerristhöhe, d.h. ein 25 cm großer Hund sollte etwa 5 kg wiegen und ein 30 cm großer Hund 6 kg.

Fehler
Jede Abweichung von den vorgenannten Punkten sollte als Fehler angesehen werden, dessen Bewertung in genauem Verhältnis zum Grad der Abweichung stehen sollte und dessen Einfluss hinsichtlich Gesundheit und Wohlbefinden des Hundes. Nachfolgend genannte Mängel sollten jedoch besonders geahndet werden:
- Mangel an typischen Terrier-Eigenschaften.
- Mangel an Harmonie, d.h. übertriebene Ausprägung irgendwelcher Merkmale.
- Kraftlose oder fehlerhafte Bewegung.
- Fehlerhaftes Gebiss.

Hunde, die deutlich physische Abnormalitäten oder Verhaltensstörungen aufweisen, müssen disqualifiziert werden.

Anmerkung
Rüden müssen zwei offensichtlich normal entwickelte Hoden aufweisen, die sich vollständig im Skrotum befinden.

Rassestandard Parson Russell Terrier

FCI-Standard Nr. 339 / 28.11.2003 / D
Übersetzung: **Dr. J. M. Paschoud / Harry G. A. Hinckeldeyn**
Ursprung: **Großbritannien**
Verwendung: **Derber, widerstandsfähiger Arbeitsterrier, besonders für die Arbeit unter der Erde geeignet.**
Klassifikation FCI: **Gruppe 3 Terrier Sektion 1 Hochläufige Terrier. Mit Arbeitsprüfung**